beck **^I**sche
reihe

b^{sr}

Dieses Buch ist eine Sammlung philosophischer Merkwürdigkeiten. Davon ist die Geschichte der Philosophie so reich, daß man leicht den Eindruck haben kann, diese sei nichts weiter als eine Unterart der phantastischen Literatur. Aber phantastisch sind die Ansichten der Philosophen oft nur deshalb, weil sie Antworten auf Rätsel suchen, die uns, wenn wir uns näher mit ihr beschäftigen, die Wirklichkeit selbst aufgibt. Die Philosophie ist merkwürdig, weil die Welt, in der wir leben, in vielen ihrer Aspekte merkwürdig ist. Merkwürdig sind darum viele philosophische Theorien nicht nur in dem Sinne, daß sie dem gesunden Menschenverstand oder unseren Denkgewohnheiten widersprechen, sondern auch in dem Sinne, daß sie *des Merkens würdig* sind, weil sie unseren Blick schärfen für die Schwierigkeiten und Ungereimtheiten, die in den Dingen selbst verborgen liegen.

Michael Hauskeller, Dr. habil., ist Research Fellow an der University of Exeter, England. Bei C. H. Beck sind von ihm erschienen: *Versuch über die Grundlagen der Moral* (2001); *Vom Jammer des Lebens. Einführung in Schopenhauers Ethik* (1998) und *Was ist Kunst. Positionen der Ästhetik von Platon bis Danto* (⁶2002).

Michael Hauskeller

Ich denke, aber bin ich?

Phantastische Reisen durch die
Philosophie

Verlag C. H. Beck

Originalausgabe

© Verlag C. H. Beck oHG, München 2003
Satz: Fotosatz Reinhard Amann, Aichstetten
Druck und Bindung: Druckerei C. H. Beck, Nördlingen
Umschlagentwurf: +malsy, Bremen
Printed in Germany
ISBN 3 406 49453 6

www.beck.de

Inhalt

Einleitung

«Ich habe», schrieb der argentinische Schriftsteller Jorge Luis Borges in einem seiner Essays, «einmal eine Anthologie der fantastischen Literatur zusammengestellt. Ich gebe zu, daß dieses Werk zu den höchst seltenen Werken gehört, die ein zweiter Noah aus einer zweiten Sintflut retten müßte, aber ich bekenne die schuldhafte Auslassung der unvermuteten und größten Meister der Gattung: Parmenides, Plato, Johannes Scotus Eriugena, Albertus Magnus, Spinoza, Leibniz, Kant, Francis Bradley. In der Tat, was sind die Wundergeschichten von Wells oder Edgar Allan Poe – eine Blume, die uns aus der Zukunft entgegenkommt, ein der Hypnose unterworfener Toter – verglichen mit der Erfindung Gottes, mit der mühsamen Theorie eines Wesens, das auf gewisse Weise drei ist und *außerhalb der Zeit* einsam fortdauert? Was ist der Bezoar angesichts der prästabilierten Harmonie, was ist das Einhorn gegenüber der Dreieinigkeit, was ist Lucius Apulejus angesichts der Multiplikatoren vom Buddha des Großen Fahrzeugs, was sind alle Nächte der Scheherezade angesichts einer Beweisführung von Berkeley? Ich habe die stufenweise Erfindung Gottes verehrt; auch Hölle und Himmel (unsterblicher Lohn, unsterbliche Strafe) sind wunderbare und merkwürdige Entwürfe der menschlichen Einbildungskraft.»[1]

Seit ich vor einigen Jahren diese Zeilen zum ersten Mal las, sind sie mir nicht mehr aus dem Gedächtnis verschwunden. Die Idee, die Philosophie sei letztlich nichts anderes als eine Unterart der phantastischen Literatur, ja mehr noch: deren Höhepunkt, erschien mir als eine unerhörte Provokation, die gleichwohl etwas vom Wesen der Philosophie offenbarte. Auch wenn die wenigsten Philosophen bereit sein werden, ihre eigene Arbeit und den Gegenstand ihrer Beschäftigung als «wunderbare und merkwürdige Entwürfe der menschlichen Einbildungskraft» zu qualifizieren und sich selbst als die «größten Meister» der phantastischen Literatur – was ja ein höchst zweifelhaftes Kompliment ist –, so wird man doch zugeben müssen, daß die Geschichte der Philosophie voll von merkwürdigen, phantastischen Theorien, Theoremen und Ideen ist und daß in deren Merkwürdigkeit nicht der geringste ihrer Reize liegt. Wer würde sich schon mit der Philosophie beschäftigen wollen, wenn sie uns nur das bestätigen würde, was wir ohnehin schon denken. Was wir von der Philosophie erwarten, ist ja nicht in erster Linie die Wahrheit, sondern vor allem, daß es ihr gelingt, unser Denken in Bewegung zu bringen. Das kann sie aber nur, wenn sie unser vertrautes Bild der Welt erschüttert, wenn sie uns mit neuen, ungewohnten Perspektiven konfrontiert, die etwas, das wir bislang geneigt waren für selbstverständlich zu halten, mit einem Mal fragwürdig erscheinen lassen. «Wer ein Philosoph werden will», bemerkte darum einmal Bertrand Russell zu Recht, «darf sich nicht vor Absurditäten fürchten.»[2] Die Philosophie soll uns gar keine Auskunft über Tatsachen geben, sondern über Möglichkeiten, und das stimulieren, was Russell unsere intellektuelle Phantasie nannte. «Sie vermindert unsere Gewißheiten darüber, was die Dinge sind, aber sie vermehrt unser Wissen darüber, was die Dinge sein könnten.»[3]

Denn mögen ihre Entwürfe mitunter auch phantastisch sein, so lassen sie sich doch nicht so leicht als bloße Fiktionen von der Hand weisen, weil sie gestützt werden von Argumenten. Philosophen bringen, wenn sie es tun, nicht einfach Absurditäten vor, sondern sie begründen sie gemeinhin auch. Sie sagen uns nicht nur, was wir glauben sollen, sondern auch, warum es *vernünftig* ist, es zu glauben. Die auf allgemeine Prinzipien des Denkens und anerkannte Argumentationsformen zurückgreifende Begründung einer auf den ersten Blick absurden Ansicht zwingt uns dazu, diese wenigstens als denkmöglich zu begreifen. Wir bemerken, daß die Wahrheit tatsächlich so aussehen *könnte* und daß das, was wir bisher für wahr hielten, problematischer ist, als wir glaubten. Denn merkwürdig sind die Ansichten der Philosophen ja nicht zuletzt deshalb, weil sie Antworten auf Rätsel suchen, die uns, wenn wir uns näher mit ihr beschäftigen, die Wirklichkeit selbst aufgibt. Die Philosophie ist merkwürdig, weil die Welt, in der wir leben, in vielen ihrer Aspekte merkwürdig ist, und die Philosophen tun dann eigentlich nichts weiter, als uns auf diese real vorhandenen Merkwürdigkeiten aufmerksam zu machen. «Tritt in die Hallen der Philosophen, wo das Welträthsel sich mit seiner eigenen Lösung abquält.»[4] Darum sind viele philosophische Theorien nicht nur in dem Sinne merkwürdig, daß sie dem gesunden Menschenverstand oder unseren Denkgewohnheiten widersprechen, sondern auch in dem Sinne, daß sie *des Merkens würdig* sind, weil sie unseren Blick schärfen für die Schwierigkeiten und Ungereimtheiten, die in den Dingen selbst verborgen liegen. Borges liebte solche Ungereimtheiten, weil er sie als Lücken im Bau der Welt verstehen konnte, die dazu dienten, uns deren halluzinatorischen Charakter ins Bewußtsein zu rufen[5] – was natürlich selbst eine recht phantastisch anmutende und dabei genuin philosophische Idee ist.

Das vorliegende Buch ist eine erste kleine Auswahl solcher und ähnlicher Merkwürdigkeiten. Einige davon sind berüchtigt, einige andere kaum bekannt oder bemerkt. Viele andere ließen sich hinzufügen, und vielleicht werde ich das irgendwann tun. (Für Vorschläge und Anregungen bin ich erreichbar unter: michael@hauskeller.de) Einen systematischen Anspruch verfolgt die Auswahl nicht. Ich habe dieses Buch geschrieben zu meinem eigenen Vergnügen und weil ich einmal die Geschichte der Philosophie so lesen wollte, wie Borges sie offenbar gelesen hat: als die Geschichte einer besonderen und besonders interessanten Art der phantastischen Literatur.

Darmstadt, im Oktober 2002

[1] Jorge Luis Borges, «Lewis D. Weatherhead: After Death», in: Ders., Essays 1932–1936 (Gesammelte Werke 5/I), München 1981, S. 161f. – [2] Bertrand Russell, Probleme der Philosophie (1912), Frankfurt am Main 1967, S. 20. – [3] Ebd., S. 138. – [4] Gustav Theodor Fechner, Die Tagesansicht gegenüber der Nachtansicht, Leipzig 1879, S. 6. – [5] Borges, «Sinnfiguren der Schildkröte», a.a.O., S. 122–129.

I

$2 + 3 = 6$

Vieles von dem, was wir zu wissen glauben, halten wir nur deshalb für wahr, weil man es uns so gelehrt hat oder weil wir es in Büchern so gelesen haben. Hätte man uns beigebracht, daß die Erde flach wie eine Scheibe und erst vor 6 000 Jahren von Gott aus dem Nichts geschaffen worden sei, dann würden wir auch dies für wahr halten und, wenn man uns fragte, beteuern, wir *wüßten*, daß es so sei, ganz so wie wir heute zu wissen vorgeben, daß die Erde mehr oder weniger kugelförmig und wesentlich älter ist. Denn weder das eine noch das andere haben die meisten von uns je versucht zu überprüfen. In der Regel verlassen wir uns einfach auf unsere Lehrer und jene Experten, die sich mit der betreffenden Frage näher und auf wissenschaftliche Weise (oder was wir dafür halten) beschäftigt haben. Dabei vergessen wir nur allzu leicht, daß zu wissen, was die Experten sagen, nicht dasselbe ist wie zu wissen, daß das, was sie sagen, wahr ist. Wir sind dann davon überzeugt zu wissen, welche Gestalt die Erde hat und wie alt sie ist, obwohl wir tatsächlich nur wissen, was die Experten uns darüber *sagen*.

Dies ist heute nicht viel anders als vor knapp vierhundert Jahren, als der junge René Descartes (1596–1650) beschloß, diesen in seinen Augen äußerst unbefriedigenden Zustand ein für allemal zu beenden und den zahlreichen Wissensansprüchen seiner Zeit endlich eine sichere Grundlage zu geben. Zu diesem Zweck entwickelte er eine «Methode zum richtigen Verstandesgebrauch», die aus einer Reihe von Verfahrensregeln bestand, deren erste und wichtigste lautete, «niemals eine Sache als wahr anzuerkennen, von der ich nicht evidentermaßen erkenne, daß sie wahr ist: d. h. Übereilung und Vorurteil sorgfältig zu vermeiden und über nichts zu urteilen, was sich meinem Denken nicht so klar und deutlich darstellte, daß ich keinen Anlaß hätte, daran zu zweifeln.» Descartes glaubte, daß jeder, der seine Methode streng und sorgsam befolge, schließlich zu echtem Wissen gelangen werde. Dies erfordere allerdings, wenigstens «einmal im Leben alles von Grund aus umzustoßen» und ganz von vorn anzufangen, und das heißt: erst einmal alles, was nicht über jeden Zweifel erhaben ist, für falsch zu halten. Was aber von all dem, was wir für wahr zu halten gewohnt sind, können wir unmöglich nicht für wahr halten? Gibt es überhaupt etwas, an dem sich schlechterdings nicht zweifeln läßt? Um diese Frage zu beantworten, muß man hingehen und sich am Zweifel versuchen. Descartes tut dies, indem er sich zunächst jenen Überzeugungen zuwendet, die sich der sinnlichen Präsenz eines Gegenstandes verdanken und die wir im allgemeinen für zuverlässig halten. Wir zweifeln gewöhnlich nicht daran, daß das, was wir sehen und hören, tatsächlich eine materielle, körperliche Welt ist, die unabhängig von unserer Wahrnehmung existiert und die durch unsere Sinne nicht in ihrem Dasein konstituiert, sondern nur zugänglich gemacht wird. Zugleich aber wissen wir, daß die Sinne nicht zuverlässig sind: Wir haben uns getäuscht, wir können uns wieder täuschen, ja, wir könnten uns sogar immer täuschen. Die Evidenz, die uns die Sinne vermitteln, ist trügerisch, der Zweifel an ihrer Zuverlässigkeit also berechtigt. Aber nicht nur die Evidenz der Sinne, sondern auch Begründungen, die unserem Verstand einleuchten, können nicht als sicher gelten, da wir auch zuweilen das für einen Beweis halten, was sich bei näherer Betrachtung als falsch herausstellt. Wenn uns aber auch der Verstand manchmal täuscht, könnte er uns dann nicht auch immer täuschen?

Nun gibt es aber doch für den Verstand einige Wahrheiten, die absolut gewiß zu sein scheinen, wie etwa, daß die Summe aus 2 und 3 gleich 5 ist oder daß ein Quadrat nie mehr als vier Seiten hat. Dies ist doch sicherlich ohne jeden Zweifel wahr, egal ob wir wachen oder träumen. Aber glauben wir etwa nicht an einen allmächtigen Gott, der, wenn er gewollt hätte, bewirkt haben könnte, «daß es überhaupt keine Erde, keinen Himmel, kein ausgedehntes Ding, keine Gestalt, keine Größe, keinen Ort gibt und daß dies dennoch alles genau so, wie es mir jetzt vorkommt, bloß da zu sein scheint; ja sogar auch, so wie ich überzeugt bin, daß andere sich bisweilen irren in dem, was sie vollkommen zu wissen meinen, ebenso könnte auch ich mich täuschen, sooft ich 2 und 3 addiere oder die Seiten des Quadrats zähle, oder was man sich noch leichteres denken mag.» Jedoch, wenn Gott gut ist, wie allgemein angenommen wird, dann wird er uns nicht täuschen. Doch was wäre, wenn es statt Gottes einen bösen Dämon gäbe, der dies bewirkte? Können wir diese Möglichkeit wirklich positiv und mit letzter Sicherheit ausschließen? Mit welcher Begründung? Wenn wir dies aber nicht mit letzter Sicherheit ausschließen können, müssen wir, der gewählten Methode folgend, zunächst einmal davon ausgehen, daß all das falsch ist, was wir *möglicherweise* nur deshalb für wahr halten, weil dieser böse Dämon uns täuscht. Wir nehmen also für den Augenblick an, daß es keine körperliche Welt gibt und daß wir selbst bei den einfachsten mathematischen Operationen wie der Addition von 2 und 3 stets zu falschen Ergebnissen kommen.

Was bleibt aber dann überhaupt noch übrig, wenn weder auf die Sinne noch auf die Schlußfolgerungen des Verstandes Verlaß ist? Nun, die Selbstgewißheit des denkenden und zweifelnden Ichs selbst. Denn selbst wenn es jenen bösen Dämon, der uns stets täuscht, tatsächlich geben sollte, so kann er uns doch nicht über unsere eigene Existenz täuschen. Wenn wir nämlich getäuscht werden, wenn wir uns irren, so müssen wir selbst doch wenigstens sein. Solange wir zweifeln oder überhaupt denken, das heißt irgendwelche Bewußtseinserlebnisse haben, solange sind wir auch. Weil das Zweifeln die Existenz des Zweifelnden voraussetzt oder einschließt, ist die eigene Existenz stets über jeden Zweifel erhaben und absolut gewiß. Ich denke, ich bin – soviel steht fest. Damit ist das gesuchte Fundament des Wissens, der archimedische Punkt, von dem aus sich die Welt aus den Angeln heben läßt (bzw. neu darin einsetzen läßt), gefunden.

Aber wir kommen wir von hier aus weiter? Denn die Gewißheit meiner eigenen Existenz ändert ja noch nichts an der Ungewißheit alles übrigen. Wenn wir aber überlegen, warum wir so gewiß sind, denkend zu existieren, dann stellen wir fest, daß es hierfür nur den einen Grund gibt, daß wir dies *klar und deutlich erkennen*. Eine klare und deutliche Erkenntnis haben wir aber auch dann, wenn wir bestimmte mathematische oder geometrische Verhältnisse betrachten. Wir sehen dann unmittelbar ein, daß 2 und 3 niemals etwas anderes ergeben kann als 5 und daß ein Quadrat stets vier Seiten hat, nicht mehr und nicht weniger, weil alles andere ein offensichtlicher Widerspruch wäre. Dies ist also, so oft wir nur auf die Sache selbst achten, ebenso evident für uns wie daß wir existieren. *Absolute* Gewißheit hierüber werden wir allerdings nur dann haben, wenn wir auch sicher sein können, daß wir uns nicht in den Händen eines bösen Dämons befinden, sondern in den gütigen Händen Gottes. Um den letzten Rest Zweifel zu beseitigen und die Wahrheit des klar und deutlich Erkannten ein für allemal abzusichern, muß daher zuvor noch die Existenz (und das gütige Wesen) Gottes bewiesen werden. Denn «wüßten wir nicht, daß alles Wahre und Sachhaltige in uns von einem vollkommenen und unendlichen Wesen herstammt, so hätten wir, unsere Vorstellungen möchten so klar und deutlich sein, wie sie wollten, keinen Grund, der uns die Gewißheit gäbe, sie besäßen die Vollkommenheit, wahr zu sein.» Der Gottesbeweis nimmt darum in Descartes' Überlegungen eine zentrale Stelle ein. Tatsächlich führt Descartes sogar gleich drei Gottesbeweise durch, die er allesamt für wenigstens ebenso schlagend und gewiß hält, «wie irgendein geometrischer Beweis es sein kann.»

Descartes' Beteuerung zum Trotz lassen jedoch die von ihm vorgebrachten Argumente für die Existenz eines vollkommenen und darum sowohl allmächtigen als auch allgütigen Wesens an Klarheit und Deutlichkeit sehr zu wünschen übrig, so daß die Existenz Gottes am Ende längst nicht so evident ist wie das, was durch sie gestützt werden soll. Selbst aber, wenn es Descartes gelungen wäre, seinen Lesern die Annahme, daß Gott existiert, ebenso evident und unbezweifelbar zu machen wie die Überzeugung, daß die Summe aus 2 und 3 stets 5 ist, so wäre damit doch die Hypothese eines bösen Dämons nicht aus der Welt geschafft. Denn es könnte ja auch diesmal so sein, daß der böse Dämon uns jedesmal täuscht, wenn wir die Argumente für die Existenz Gottes für schlüssig und unwiderlegbar halten. Selbst wenn wir die Gottesbeweise akzeptieren würden, wäre die Argumentation im Ganzen also bestenfalls zirkulär: Daß Gewißheit oder Evidenz Wahrheit garantiert, kann nur bewiesen werden, wenn man eben dies bereits voraussetzt – denn woher wissen wir sonst, daß der Beweis triftig ist, wenn nicht dadurch, daß wir dies klar und deutlich einsehen? Tatsächlich sind die Argumente aber alles andere als überzeugend und zeigen daher nur, daß wer alles bezweifelt, was aus theoretischen Gründen bezweifelt werden kann, auf redliche Weise nie wieder aus dem Zweifel herauskommt. Der Wahrheit des Gewissen kann man sich nicht vergewissern. Statt dessen bleibt einem letztlich nichts anderes übrig, als an diese Wahrheit zu *glauben*.

Gilt dies aber auch für die eigene Existenz? *Wissen* wir denn nicht wenigstens, daß wir existieren?

2.

Ich denke, aber bin ich?

Ich denke, also bin ich, schrieb Descartes in der festen Überzeugung, damit etwas gefunden zu haben, das unter keinen vorstellbaren Umständen falsch sein könne. Auch wenn alles andere zunächst zweifelhaft sein mag, so können wir doch niemals an unserer eigenen Existenz zweifeln, weil diese sich noch im Akt des Zweifelns bestätigt. Wer zweifelt, muß notwendig existieren, denn existierte er nicht, könnte er nicht zweifeln. Also wissen wir doch, daß wir existieren. In der Selbstbeglaubigung der Existenz stößt der radikale Zweifel an seine Grenzen, so daß wir mit ihr über eine gesicherte Grundlage verfügen, von der aus sich neues, diesmal unanfechtbares Wissen aufbauen lasse. Daß sich diese Hoffnung Descartes' nicht erfüllt hat, spricht nicht unbedingt gegen die Gesichertheit der Grundlage. Aber ist diese wirklich so sicher, wie Descartes geglaubt hatte?

Die These, daß sich sinnvoll auch noch an der eigenen Existenz zweifeln lasse, daß auch diese eine bloße Illusion sein könne, vertrat der aus Spanien stammende amerikanische Dichter, Romancier und Philosoph George Santayana (1863–1952). In einem 1923 erschienenen Buch über *Scepticism and Animal Faith*, Skeptizismus und animalischer Glaube, nahm er sich vor, wie Descartes dreihundert Jahre zuvor, den Skeptizismus so weit zu treiben, wie es logisch möglich ist. Das hieß aber für Santayana, anders als für Descartes, den Zweifel auch auf die eigene Existenz auszudehnen. Wie Bertrand Russell (siehe Kap. 5) hebt auch Santayana zunächst hervor, daß die Welt mit sämtlichen Erinnerungen erst vor kurzem, vielleicht erst in diesem Augenblick, entstanden sein könne, so daß es in Wahrheit überhaupt keine Vergangenheit gäbe. Die Vergangenheit erscheint uns ja niemals unmittelbar als solche, sondern immer nur mittelbar in der Gegenwart, nämlich als Erinnerung oder als materielle Spur einer angenommenen Entwicklungsgeschichte. Das heißt auch, daß Veränderungen nicht unmittelbar erfahren werden, da eine Veränderung beinhaltet, daß ein Zustand aus der Gegenwart in die Vergangenheit rückt, um einem anderen Platz zu machen. Jede Veränderung, jede Bewegung, jeder Wechsel ist somit niemals Gegenstand direkter Beobachtung, sondern immer Gegenstand eines nicht rational begründeten, instinktiven Glaubens, den Santayana darum «animalisch» nennt. Daraus folgt aber, daß der Solipsist, der sich allein für wirklich hält, der die Existenz einer äußeren Welt leugnet oder wenigstens bezweifelt und dabei glaubt, ausschließlich seiner eigenen zeitlichen Existenz sicher sein zu können, daß ein solcher Solipsist hoffnungslos inkonsequent ist. Konsequent ist der Solipsismus nur dann, wenn er sich als *Solipsismus des gegenwärtigen Augenblickes* versteht. Das heißt, daß wir uns nur des in der Gegenwart unmittelbar Gegebenen absolut sicher sein können.

Nun gehört aber zu diesem Gegebenen niemals die Existenz. Allenfalls mögen wir das Gegebene als *Zeichen* eines Existierenden interpretieren, wie wir es ja gewöhnlich auch tun. Aber das Gegebene selbst existiert nicht. Das läßt sich natürlich nur sagen, wenn man Existenz nicht mit Sein oder Gegebensein gleichsetzt. Existenz muß hier verstanden werden als eine gewisse ausgezeichnete Seinsart neben anderen. In diesem Fall gibt es Seiendes, das nicht existiert, und dazu gehört das Gegebene. Warum aber sollte das Gegebene nicht auch als existierend verstanden werden? Weil Existenz auch im landläufigen Verständnis mehr umfaßt als nur Gegebensein. Das Existierende unterscheidet sich von dem nur scheinbar Existierenden, von dem, was *bloß* erscheint, und zwar so, daß es die Erscheinung transzendiert, daß es mehr ist als das Erscheinende. Nicht die Erscheinung existiert, sondern das, was in ihr und durch sie erscheint oder zur Erscheinung kommt, und wenn es nichts dergleichen gibt, also nichts *hinter* der Erscheinung gibt, dann gibt es auch nichts, von dem sich sinnvoll sagen ließe, daß es existiere. So verstanden schließen sich Existenz und Schein aus. So wenig wie das Wiesel und das Kamel reale Existenz besitzen, die Shakespeares Hamlet in einer Wolke erblickt, so wenig existieren auch die Daten unserer Wahrnehmung und unseres Denkens in dem Augenblick, in dem sie erlebt werden. Zu existieren bedeutet nämlich, in äußeren räumlichen und zeitlichen Relationen zu stehen und wirklicher Veränderung unterworfen zu sein. Das Gegebene existiert nicht, weil es im Augenblick seines Gegebenseins keinen Ort und keine Zeit hat. Eine Zeit kann ihm erst dann zugeordnet werden, wenn es bereits nicht mehr gegeben ist. Seine Existenz kann also allenfalls im Rückblick postuliert werden und ist dann nicht etwa die unzweifelhaft feststehende Existenz des Gegebenen, sondern die *angenommene* Existenz desjenigen, von dem wir *glauben*, daß es einmal gegeben war. Dem *jetzt* Gegebenen jedoch werden wir, mögen wir auch noch so genau hinsehen, niemals das Geständnis seiner Existenz abringen.

Darum verbürgt auch der Umstand, daß ich etwas denke, noch nicht meine Existenz im eigentlichen Sinne. Ich kann auch denken, ohne zu existieren, das heißt, es kann auch Denken geben ohne einen Denker. Denn ich selbst bin mir ja gar nicht als derjenige, der denkt, als Subjekt des Denkens gegeben, sondern, wenn überhaupt, dann immer nur als Gedachtes, als Objekt des Denkens. Vielleicht existiere ich, aber das kann ich nicht wissen. Nach allem, was ich *weiß*, hat vielleicht überhaupt nichts jemals existiert! Es ist möglich, daß die Ansichten der Philosophen nicht an sich existieren, sondern nur in der Geschichte, die Geschichte wiederum nur im Historiker, der Historiker nur im Leser, und der Leser selbst nur für sein eigenes Bewußtsein, das nicht wirklich sein eigenes ist, sondern absolutes Bewußtsein, das ihn denkt. An die Existenz, auch an die eigene, läßt sich folglich nur *glauben*, sie ist als solche nicht erkennbar. «Der Glaube an die Existenz von irgend etwas, einschließlich meiner selbst, kann unmöglich als wahr erwiesen werden und beruht, wie jeder Glaube, auf einer irrationalen Überredung oder Eingebung des Lebens.» Der Glaube an die Existenz ist also *animal faith*, animalischer Glaube.

Dieser animalische Glaube freilich ist so stark, daß es schier unmöglich ist, sich des Glaubens an die Existenz zu enthalten, auch wenn eine solche Position nicht inkonsistent wäre. Unsere Vorstellungen drängen sich uns als Zeichen von Dingen auf, so daß wir nicht umhin können, in entsprechender Weise zu handeln. Die Nötigung zum Glauben geht aber nicht aus von dem, was uns gegeben ist, sondern entspringt aus unserer Tiernatur, also aus der Tatsache, daß wir nicht reine Geister sind, sondern leibbehaftete Lebewesen. Da wir aber nun einmal diese Natur haben, kann der Skeptizismus nie mehr sein als eine Übung. Er kann kein Leben werden, denn den Hang zum Dogma wird man als Mensch niemals ganz los.

Was wir aber durch die Übung des radikalen Skeptizismus gewinnen, ist das «Reich der Wesenheiten (Realm of essences)». Wesenheit nennt Santayana das, was uns unmittelbar gegeben ist. Wesenheiten existieren nicht, aber sie sind deshalb doch nicht nichts, so wenig wie die Vergangenheit oder die Zukunft nichts sind. Wesenheiten sind reine Möglichkeiten des Seins. Zusammen bilden sie einen Katalog aller Eigenschaften, die existierende Dinge besitzen und die andere Dinge besäßen, wenn sie existieren würden oder könnten. Es ist die unerschöpfliche Summe aller benennbaren Gegenstände, alles, was irgendwie gegeben sein kann, jede Qualität des Seins, einschließlich dessen, was niemals existieren, aber doch gedacht werden kann. So gehören zu den Wesenheiten beispielsweise nicht nur die sehr hohen natürlichen Zahlen, an die nie jemand gedacht hat und nie jemand denken wird, sondern auch unmögliche Gegenstände wie runde Quadrate. (Wir werden dieser Ansicht später in Meinongs Gegenstandstheorie wiederbegegnen. Siehe Kap. 8). Das Reich der Wesenheiten ähnelt dem platonischen Reich der Ideen, nur daß die Wesenheiten Santayanas vollkommen passiv sind und hierarchisch nicht geordnet. Keine Wesenheit ist höher oder fundamentaler als eine andere. Sie erklären nichts und verursachen nichts. Sie sind lediglich da und in dem, was sie jeweils sind, absolut unbezweifelbar.

Der Skeptizismus macht den Weg frei für die Wesensschau, für die staunende Betrachtung des Nicht-Existenten und für den

Reichtum der Möglichkeiten, und darin finden wir, wie Santayana sagt, «eine sehr süße und wunderbare Einsamkeit». Im Bewußtsein, daß eigentliches Wissen – Wissen, das hinter die Erscheinungen und zur Existenz vordringt – unmöglich ist, gewinnen wir mehr als wir verlieren, nämlich poetische Freiheit. Was wir vormals zu erkennen meinten, beruht ja auf einem schöpferischen Akt, und indem wir die Illusion als solche durchschauen, vermag sie uns nicht mehr zu täuschen. Wir sehen nun, daß das, was wir unmittelbar erfahren, immer nur die Masken der Existenz sind, und was wir Tatsachen nennen, nur konventionelle Fiktionen. Wir stellen uns gewissermaßen vor, wie Tatsachen aussähen, wenn Tatsachen möglich wären. Aber wir können sie uns auch anders vorstellen. Zwar ist anzunehmen, daß unsere Fiktionen einen Bezug zur Wirklichkeit haben, aber wir wissen nicht, welchen. Die Art, wie uns die Dinge erscheinen, ist nicht zwingend, sie ist nur die unserer menschlichen Natur angemessene Art und insofern eine freundliche Fiktion. Sie erleichtert uns das Leben. Auch die Wissenschaft kommt über bloße menschliche Ansichten nicht hinaus. Andere Systeme mögen aber genauso gut die wahren Verhältnisse der Dinge zum Ausdruck bringen wie das unsere. Die Welt, wie sie sich uns darstellt, ist nicht mehr und nicht weniger als ein poetisches Meisterstück, und sein Schöpfer ist der menschliche Geist, der wie eine Sprache oder Musik ist, deren Regeln willkürlich sind wie die Regeln eines Spiels. Die Natur, sagt Santayana, hat uns zu Dichtern gemacht, und sie hat uns nicht verboten, uns daran zu freuen oder sogar stolz darauf zu sein. «Während das Leben dauert, ist der Weg frei für unschuldige Poesie und unendliche Hypothesenbildung, die weder als trügerisch eingestuft werden kann noch das Herz versklavt.»

3.

Kausalität: Nur ein Gesetz des Denkens, nicht des Seins

Stellen Sie sich vor, Sie wachen eines Sommermorgens gegen acht Uhr auf und bemerken, daß es draußen immer noch dunkel ist. Die Sonne hat heute zu Ihrer Verwunderung etwas getan, was sie noch nie zuvor getan hat: Sie ist nicht aufgegangen. Woran das liegt, wissen Sie noch nicht, aber eines wissen Sie bereits jetzt, nämlich daß irgend etwas geschehen ist, das die Abwesenheit der Sonne *erklärt*. Denn wir sind davon überzeugt, daß nichts einfach so geschieht. Es gibt immer einen Grund, genauer: eine *Ursache*, warum es geschieht. Wenn irgend etwas sich verändert oder zu existieren beginnt – ganz gleichgültig, was –, dann *muß* es dafür eine hinreichende Ursache geben, auch wenn uns diese (im Augenblick noch) unbekannt ist. Denn geschähe etwas ohne Ursache, dann wäre ja plötzlich und gänzlich unvorhersehbar etwas Neues in die Welt getreten und damit gleichsam aus dem Nichts entsprungen. Das jedoch erscheint uns unmöglich, denn *ex nihilo nihil fit*, von nichts kommt nichts, und das heißt nichts anderes, als daß es für alles eine Ursache gibt. Dies ist *das* grundlegende Gesetz der Natur. Wir nennen es das Kausalitätsgesetz.

Aber *könnte* es nicht auch anders sein? Ist es wirklich ausgeschlossen, daß etwas ohne jede Ursache geschieht? Woher *wissen* wir denn überhaupt, daß es ausgeschlossen ist? Es liegt nahe zu sagen, daß wir dies aufgrund der *Erfahrungen* wissen, die wir mit der Welt und den Dingen gemacht haben. Denn bislang hat es doch noch für alles eine Ursache gegeben, und es gibt daher keinen Grund für die Annahme, daß dies in Zukunft anders sein sollte. Gegen die Erfahrung als Quelle des Wissens um die universelle Geltung des Kausalitätsgesetzes spricht jedoch zweierlei: Erstens können wir gar nicht sicher wissen, daß bislang *alles* eine

Ursache gehabt hat, da unsere eigene Erfahrung ja sehr begrenzt ist und nur einen Bruchteil der vergangenen Ereignisse umfaßt. Selbst wenn man die Erfahrungen aller Menschen in die Rechnung miteinbezieht, gibt es immer noch eine schier unendliche Menge von Ereignissen, die sich der Erfahrung entziehen. Aber selbst wenn bislang alles eine Ursache gehabt haben sollte, wäre diese Tatsache allein noch kein guter Grund für die Annahme, daß auch in Zukunft alles, was geschieht, eine Ursache haben wird. Denn wir können doch nur einigermaßen sicher sein, daß sich keine solche einschneidende Änderung ereignet und das Kausalitätsgesetz nicht plötzlich von einem Tag auf den anderen zu gelten aufhört, wenn auch in Zukunft noch gilt, daß jede Veränderung – und somit auch diese – eine Ursache haben muß. Mit anderen Worten: Die Rechtfertigung unserer Überzeugung, daß das Kausalitätsgesetz auch in Zukunft noch gelten wird, stützt sich bereits auf das Vertrauen in eben dieses Gesetz. Es kann nämlich nicht mehr sinnvoll gefragt werden, *warum* denn das Kausalitätsgesetz irgendwann nicht mehr gelten sollte, wenn eben dieses Gesetz dann nicht mehr gilt. Die Erfahrung kann uns darum die universelle Geltung des Kausalitätsgesetzes nicht lehren.

Tatsächlich kann, wie es der schottische Philosoph David Hume (1711–1776) getan hat, sogar bezweifelt werden, ob wir aus der bloßen Erfahrung auch nur entnehmen können, daß es überhaupt so etwas wie Kausalrelationen, also Beziehungen von Ursache und Wirkung, zwischen den Ereignissen gibt. Denn daß irgendein Ereignis B die *Wirkung* eines anderen Ereignisses A ist und daß dieses wiederum die *Ursache* von B ist, läßt sich, wie Hume hervorhob, aus der Betrachtung der Sache selbst gar nicht erkennen. Alles, was wir beobachten können, ist, daß ein Ereignis A auftritt und *danach* ein Ereignis B, eine bloß *zeitliche* Folge also, nicht aber eine kausale Abhängigkeitsbeziehung. Wenn etwa eine Billardkugel gegen eine andere stößt, dann sehen wir nur, wie sich die erste bewegt und, sobald sie auf die zweite stößt, anhält, und wie diese zweite dann sich von der ersten wegbewegt. Es kommt uns selbstverständlich vor, *daß* sie das tut und auch *wie* sie das tut, das heißt in welcher Richtung und in welcher Geschwindigkeit sie sich bewegt. Aber eine *logische* Notwendigkeit für ihre Bewegung und die Art ihrer Bewegung besteht nicht. Wir können uns nämlich vorstellen, daß die zweite Billardkugel einfach an ihrem Platz liegen bleibt oder daß sie steil in die Höhe steigt oder anfängt, Purzelbäume zu schlagen, und an diesen verschiedenen Vorstellungen ist nichts Widersprüchliches (wie auch keinerlei Widerspruch in der Vorstellung liegt, etwas fange ohne jede Ursache an zu existieren). Wenn wir nie erlebt hätten, was passiert, wenn eine Billardkugel gegen eine andere stößt, oder wenigstens, was passiert, wenn bewegliche materielle Gegenstände gegeneinander stoßen, dann wäre es uns gänzlich unmöglich vorherzusagen, was in solchen Fällen passiert. Allein die Erfahrung hat uns gelehrt, wie sich die Dinge verhalten. Was uns jedoch die Erfahrung nicht gelehrt hat und auch auf keine Weise lehren kann, ist, daß sich die Dinge auch so verhalten *müssen*, wie sie es tun. Die Idee einer *notwendigen Verknüpfung* zwischen zwei Ereignissen ergibt sich nämlich auch dann nicht einleuchtend aus der Erfahrung, wenn wir sehr viele Male beobachtet haben, daß auf ein Ereignis A stets ein anderes Ereignis B folgt. Denn beim nächsten Mal könnte es doch anders sein. Die notwendige Verknüpfung ist aber ein wesentlicher Teil dessen, was wir meinen, wenn wir sagen, A sei die *Ursache* von B oder dieses die *Wirkung* von A. Daher hat die Idee kausaler Relationen zwischen den Ereignissen kein Fundament in der Erfahrung, in dem Sinne, daß sie sich zwingend daraus ergibt. Woher stammt diese Idee aber dann?

Hume, der den natürlichen Glauben an das Kausalitätsgesetz erstmals als Problem erkannt und dargelegt hat, zieht aus diesen skeptischen Überlegungen einen radikalen Schluß: Die scheinbare Notwendigkeit des Umstands, daß jedes Ereignis eine Ursache hat und daß auf ein bestimmtes Ereignis A ein bestimmtes Ereignis B folgt, liegt nicht in der Natur der Dinge begründet, sondern vielmehr in der Beschaffenheit des Menschen. Es handelt sich nicht um eine *physische*, sondern um eine *psychische* Notwendigkeit. Das Gesetz der Kausalität wäre demnach kein Gesetz der äußeren, sondern der inneren, menschlichen Natur:

ein psychologisches Gesetz, das uns nötigt, die Aufeinanderfolge von Ereignissen kausal zu interpretieren. «Kraft und Notwendigkeit sind Attribute der Art, wie wir Objekte vorstellen, nicht Attribute der vorgestellten Gegenstände selbst, etwas innerlich vom Geist Gefühltes, nicht etwas äußerlich an den Körpern Vorgefundenes.» Wenn wir wiederholt die Erfahrung machen, daß ein bestimmtes Ereignis B einem bestimmten Ereignis A folgt, dann *assoziieren* wir irgendwann beide Ereignisse miteinander, so daß die Vorstellung von A unweigerlich auch die Vorstellung von B herbeiführt und, wenn A eintritt, wir sogleich *erwarten*, daß nun auch B eintritt. Die Verknüpfung ist also nur eine Frage der Gewohnheit. «Unser Denken sieht sich genötigt, jedesmal ohne Besinnen und Zögern vom Eindruck zur Vorstellung und zwar von diesem bestimmten Eindruck zu dieser bestimmten Vorstellung überzugehen.» Diese innere Nötigung projizieren wir dann nach außen auf die Gegenstände, wie wir es auch bei Tönen, Gerüchen oder Farben tun, so daß es uns so *erscheint*, als gebe es in den Dingen und Ereignissen selbst irgendeine *Kraft*, die sich auf andere Dinge und Ereignisse auswirkt.

Aber ist denn das bloße Nacheinander wirklich alles, was wir unmittelbar erfahren können? Machen wir nicht wenigstens immer dann, wenn wir vermöge eines Willensaktes unseren Körper in Bewegung setzen, die Erfahrung, daß es so etwas wie eine ursächliche Kraft tatsächlich gibt? Wenn wir etwa unseren Arm heben, ist doch unser Wille offensichtlich die Ursache für diese Bewegung. Wir sind uns bewußt, daß der Arm sich hebt, *weil* wir es wollen. Doch gerade dies bestreitet Hume: Alles, was wir hier wahrnehmen, ist die Aufeinanderfolge zweier Ereignisse, eines Willensaktes und einer körperlichen Bewegung. Nur weil wir immer wieder die Erfahrung gemacht haben, daß auf bestimmte Willensakte bestimmte Bewegungen folgen, nehmen wir instinktiv an, daß das eine die Ursache des anderen sei. Daß die Erfahrung einer wirkenden Kraft dabei in Wahrheit gar keine Rolle spielt, merken wir spätestens dann, wenn unser Körper einmal unserem Willen seinen Dienst versagt. Auch hier fehlt es also an der notwendigen Verknüpfung.

Doch wie verhält es sich im umgekehrten Fall, wenn wir nicht die Verursacher sind, sondern *an uns* etwas bewirkt wird? Wenn wir zum Beispiel von einem starken Licht geblendet werden? Hume müßte hier sagen: Wir haben hier zunächst den Eindruck des Lichts und dann den Eindruck des Augenschließens, und da jedesmal, wenn das Licht stark genug ist, unsere Augen zugehen, assoziieren wir allmählich das eine mit dem anderen und schließen auf einen kausalen Zusammenhang, wo in Wahrheit nur eine psychische Nötigung besteht. Diese Analyse scheint aber der Erfahrung nicht gerecht zu werden. Denn sind wir uns nicht unmittelbar bewußt, daß das Licht tatsächlich die *Ursache* dafür ist, daß wir die Augen schließen? Können wir auch nur einen Augenblick lang daran zweifeln, daß es tatsächlich das Licht ist, das uns die Augen schließen *läßt*, das dieses Ereignis bedingt und bewirkt?

4.

Das Induktionsproblem

Eng mit dem Kausalitätsproblem zusammen hängt das Induktionsproblem. Die meisten unserer Schlußfolgerungen sind von ihrem Ursprung her nicht deduktiv, sondern induktiv, das heißt, wir schließen nicht vom Allgemeinen auf das Besondere, sondern zunächst vom Besonderen auf das Allgemeine. So verfügen wir nicht einfach über das allgemeine Wissen, daß alle Menschen sterben müssen, und folgern dann daraus, daß auch wir selbst eines Tages sterben werden. Denn die Sterblichkeit liegt nicht im Begriff des Menschen, so wie es im Begriff eines gleichwinkligen Dreiecks liegt, daß seine Seiten alle gleich lang sind. Vielmehr machen wir zunächst die Erfahrung, daß Menschen sterben: Manche sterben während unserer eigenen Lebenszeit, sehr viele sind bereits vorher gestorben, und von keinem wissen wir, daß er länger als, sagen wir, 150 Jahre gelebt hätte. Alle Menschen, die vor 150 Jahren oder davor geboren wurden, sind, soweit wir wissen, tot. Diese Tatsache scheint aber den Schluß nahezulegen, daß die Sterblichkeit zur Natur des Menschen gehört und somit *alle* Menschen, auch wir selbst und alle, die in Zukunft noch leben werden, sterben werden. Vielleicht sind wir uns dessen nicht so gewiß, wie wir uns gewiß sind, daß alle gleichwinkligen Dreiecke gleich lange Seiten haben, aber wir sind uns *ziemlich* gewiß, weil schon so *viele* Menschen gestorben sind und noch keiner (soweit uns bekannt ist) es nicht getan hat. Je öfter etwas geschieht, desto sicherer sind wir, daß es auch in Zukunft so geschehen wird, desto *unwahrscheinlicher* erscheint es uns, daß es nicht geschehen wird. Die Wahrscheinlichkeit, daß etwas *immer* geschieht, steigt jedesmal, wenn es geschieht, bis sie irgendwann so hoch ist, daß sie praktisch Gewißheit wird.

Nun machen wir, wenn wir in dieser Weise vom Bekannten auf

das Unbekannte schließen, eine ganz bestimmte Voraussetzung. Wir legen als Schlußprinzip die Annahme zugrunde, daß, wie Hume es ausdrückt, «Fälle, die uns nicht in der Erfahrung gegeben waren, denjenigen gleichen müssen, die Gegenstand unserer Erfahrung waren, daß also der Lauf der Natur jederzeit unversehrt derselbe bleibe.» Diese Annahme rechtfertigt unsere Praxis des induktiven Schließens. Wenn wir uns nun aber fragen, wie Hume es tut, was denn diese Annahme *ihrerseits* rechtfertigt, geraten wir in Begründungsschwierigkeiten. Denn es nützt uns ja nichts, darauf hinzuweisen, daß *in der Vergangenheit* diejenigen Fälle, die uns nicht in der Erfahrung gegeben waren, denjenigen geglichen *haben*, die Gegenstand unserer Erfahrung waren, daß also *in der Vergangenheit* der Lauf der Natur stets derselbe geblieben ist. Daraus würde ja nur dann folgen, daß mit größter Wahrscheinlichkeit auch in der Zukunft der Lauf der Natur derselbe bleiben wird, wenn wir uns auf die allgemeine Regel verlassen können, daß das bereits Bekannte dem noch nicht Bekannten gleichen wird. Aber *daß* wir uns darauf verlassen können, sollte ja gerade begründet werden. Daß die *vergangene Zukunft* die auf die Wahrscheinlichkeit gegründeten Erwartungen gerechtfertigt hat, sagt für sich genommen noch nichts darüber aus, ob auch die *zukünftige Zukunft* solche Erwartungen rechtfertigen wird, und wir können hier eben noch nicht einmal sagen, es sei wahrscheinlich, daß die Zukunft auch weiterhin der Vergangenheit in allen wesentlichen Hinsichten gleichen wird, weil die Verläßlichkeit einer solchen Wahrscheinlichkeitsaussage bereits voraussetzt, daß es so ist. Hier, wie auch sonst, gilt der Grundsatz, «daß in keinem Gegenstand, für sich betrachtet, etwas liegt, was uns veranlassen könnte, einen Schluß zu ziehen, der über den Gegenstand hinausgeht; und daß wir auch dann, wenn wir die häufige und beständige Verbindung gewisser Gegenstände beobachtet haben, keinen Grund haben, einen Schluß zu ziehen, der andere Gegenstände beträfe, als eben jene, die uns in den Erfahrungen gegeben waren».

Daß uns dennoch der Schluß von der Vergangenheit auf die Zukunft so selbstverständlich und einleuchtend erscheint, ist nach Hume dem gleichen psychologischen Gesetz zu verdanken, das uns auch nötigt, die Ereignisse als kausal zusammenhängend zu begreifen, nämlich dem Gesetz der Assoziation. Wenn wir etwas oft genug erlebt haben, dann drängt sich uns unwiderstehlich die Vorstellung auf, daß es auch in Zukunft so geschehen werde. Nicht also aufgrund eines schlüssigen Arguments übertragen wir die Vergangenheit auf die Zukunft, sondern allein aus Gewohnheit, das heißt aufgrund der psychischen Nötigung, die mit der Gewohnheit einhergeht. «So ist alle Wahrscheinlichkeitserkenntnis nichts als eine Art von subjektiver Empfindung. Nicht allein in Poesie und Musik müssen wir unserem Geschmack und unserem Gefühl folgen, sondern auch in der Philosophie. Wenn ich von irgendeinem Satz überzeugt bin, so heißt dies nur, daß eine Vorstellung stärker auf mich einwirkt. Wenn ich einer Beweisführung den Vorzug vor einer anderen gebe, so besteht, was ich tue, einzig darin, daß ich aus meinem unmittelbaren Gefühl entnehme, welche Beweisführung in ihrer Wirkung (auf meinen Geist) der anderen überlegen ist.»

Dennoch ist es Hume zufolge nicht unklug oder voreilig, sich an der Erfahrung zu orientieren und auf der Basis dessen, was man weiß, auf das zu schließen, was man noch nicht weiß. Dies mag zunächst überraschen, ist aber nicht inkonsistent. Denn dieser induktive Schluß ist das *einzige* Mittel, über das wir verfügen, um die Wahrheit oder Wahrscheinlichkeit einer Aussage zu beurteilen, die wir nicht durch eigene unmittelbare Erfahrung bestätigen können. Es stimmt zwar, daß unsere Überzeugung, auf die Gleichförmigkeit des Naturlaufs vertrauen zu können, rein instinktiv ist und selber nicht mehr rational zu rechtfertigen, aber daraus folgt nicht, daß es irrational wäre, sich im Denken und Handeln nach dieser Überzeugung zu richten. Im Gegenteil: Vernünftig verhält sich nur, wer sich in seinen Urteilen ganz auf den Boden der Erfahrung stellt und nichts als wahr oder wahrscheinlich gelten läßt, was durch diese nicht entsprechend ausgewiesen ist. «Ein besonnener Mensch bemißt seinen Glauben nach der Evidenz. Bei solchen Schlüssen, die auf untrügliche Erfahrung gestützt sind, erwartet er den Erfolg mit dem äußersten

Grad der Sicherheit und betrachtet seine vergangene Erfahrung als einen vollen Beweis des künftigen Eintritts dieses Erfolges.» Obwohl also einerseits unser Vertrauen auf die Erfahrung weder durch die Erfahrung selbst noch durch die Vernunft zu begründen ist, müssen wir uns doch andererseits stets auf sie stützen, wenn wir begründete Aussagen über das, was möglich oder wahrscheinlich ist, machen oder die Glaubwürdigkeit von Aussagen beurteilen wollen, die wir durch unsere persönliche Erfahrung nicht *unmittelbar* bestätigen können. Daß uns die Erfahrung auch einmal in die Irre führt, ändert nichts daran, daß es auch dann vernünftig gewesen ist, ihr zu vertrauen. Wenn wir in einer Welt lebten, in der die Temperatur niemals unter den Gefrierpunkt sinkt, dann hätten wir allen Grund, Berichte zu bezweifeln, die behaupten, daß sich Wasser bei großer Kälte in eine harte, Eis genannte Masse verwandle. Da wir aber dann auch solche extreme Kälte nicht kennen und über keine Erfahrungen darüber verfügen würden, was in einer solchen Situation mit dem Wasser passiert, könnten wir auch nicht sagen, es sei *unmöglich*, daß das Wasser aufhöre, flüssig zu sein. Ganz zu Recht würden wir die Unmöglichkeit aber annehmen, wenn wir stets die Erfahrung gemacht hätten, daß Wasser, auch wenn die Temperatur unter den Gefrierpunkt sinkt, weiterhin flüssig bleibt und sich nicht verändert. Die gleichbleibende Erfahrung dürfte uns dann als ausreichender, vollgültiger Beweis für die Falschheit der Behauptung gelten. Das liegt daran, daß sich für unseren Verstand die immer gleichen Erfahrungen zu einem *Naturgesetz* summieren, so daß etwas, das dem angeblich widerspricht, einem Wunder gleichkäme. Zwar ist die *Gesetzlichkeit* der Naturereignisse nichts, was man an ihnen selbst ablesen könnte, so daß Naturgesetze letztlich nichts anderes sind als Denkgesetze (oder nur als Denkgesetze verständlich sind), aber deswegen sind sie nicht weniger verbindlich für uns. Gerade weil es einer der Grundregeln unseres Denkens zuwiderlaufen würde, wäre es unvernünftig, an die Möglichkeit von Ereignissen zu glauben, die all unseren Erfahrungen widersprechen. Jedes angebliche Zeugnis eines Bruchs der Naturgesetze, also eines Wunders, wird daher, gerade *weil* es ein Wunder wäre, unter vernünftiger Betrachtung als unglaubwürdig und als Täuschung angesehen werden müssen.

Hume erweist sich hier, wie auch sonst, als echter Aufklärer: Er hält es mit der Vernunft und streitet gegen Schwärmerei und Aberglauben. Das hält ihn aber nicht davon ab, der paradoxen Tatsache ins Auge zu blicken, daß ausgerechnet unsere fundamentalen Rationalitätsprinzipien arationalen Ursprungs sind. Die Vernunft wurzelt im Gefühl, und in diesem Sinne ist die Vernunft selbst nicht vernünftig.

5.

Die Fünf-Minuten-Welt

Zuweilen erinnern wir uns an Ereignisse, die gar nicht stattgefunden haben. Wir sind sicher, zu einer bestimmten Zeit an einem bestimmten Ort gewesen zu sein und dort bestimmte Dinge getan, gesagt oder wahrgenommen zu haben, und dann stellen wir fest, daß es so, wie es uns heute erscheint, gar nicht gewesen sein *kann*, weil unleugbare Tatsachen dagegen sprechen. Vielleicht stimmt der Ort, aber die Zeit nicht, oder umgekehrt, vielleicht war es gar nicht Heinz, der damals diesen Satz gesagt hat, sondern Hans, obwohl wir doch bislang stets fest davon überzeugt waren, es sei Heinz gewesen. Unsere Erinnerungen vermischen sich, Wünsche und bloße Vorstellungen gehen darin ein, so daß wir oft nicht sicher sein können, ob wir uns wirklich erinnern oder nur zu erinnern glauben. Mitunter sind wir uns zwar ganz sicher, daß unsere Erinnerung uns nicht trügt und daß alles wirklich so war, wie wir meinen, aber dann begegnet uns plötzlich jemand, der ebenso sicher ist, sich nicht zu irren, aber dasselbe Ereignis ganz anders erinnert als wir. Wer von uns beiden recht hat, läßt sich dann aus der Festigkeit der Überzeugung, der Klarheit und Intensität der Erinnerung, nicht mehr entnehmen, und wenn es keine Möglichkeit gibt, uns auf anderem Wege als über unsere jeweiligen Erinnerungen der Wahrheit zu versichern, dann bleiben Differenz und Unsicherheit bestehen. Vielleicht ist es nicht sehr wahrscheinlich, daß wir uns irren, aber es bleibt doch immer *denkbar*, weil wir uns zwar *jetzt* erinnern oder zu erinnern glauben, das Ereignis aber, *an das* wir uns erinnern, vergangen ist. Folglich haben wir auch keine Möglichkeit, unseren gegenwärtigen Erinnerungseindruck mit seinem Gegenstand, dem vergangenen Ereignis, zu vergleichen, um dessen Richtigkeit sicherzustellen. Wir können nicht mehr unmittelbar feststellen, ob unser Erinnerungsbild mit dem Original übereinstimmt, weil wir nicht beides nebeneinanderlegen können wie zwei Zeichnungen. Darum ist die Existenz eines Erinnerungsbildes, wie Bertrand Russell (1872–1970) herausgestellt hat, logisch unabhängig von der Existenz seines Gegenstandes. Egal, woran wir uns erinnern und wie deutlich wir dies tun: Die Existenz der Erinnerung verbürgt niemals die Existenz oder das Existierthaben des Erinnerten.

Wenn das aber so ist, dann ist auch nicht auszuschließen, daß *nichts* von dem, woran wir uns erinnern, so stattgefunden hat. Ja, es könnte sogar sein, bemerkt Russell, daß es überhaupt keine Vergangenheit gegeben hat, daß die Welt mit allem, was dazugehört, in Wahrheit erst vor fünf Minuten entstanden ist, einschließlich der Erinnerungen oder Pseudo-Erinnerungen, die uns eine Vergangenheit suggerieren, die niemals existiert hat. Diese Annahme ist, wie Russell betont, logisch völlig einwandfrei, und es gibt keine Fakten, die sie widerlegen könnten. Wir können zum Beispiel nicht auf die zahlreichen Spuren verweisen, die von vergangenem Leben und Ereignissen, die lange zurückliegen, zeugen, weil natürlich auch diese Spuren einer Vergangenheit vor fünf Minuten hätten erschaffen werden können und der Annahme zufolge eben auch tatsächlich vor fünf Minuten erschaffen wurden. Auf diese Möglichkeit wies schon Mitte des 19. Jahrhunderts der englische Zoologe Philip Gosse in einem Buch hin, dessen Ziel es war, die christliche Theologen schon lange beunruhigende Existenz von Fossilien zu erklären, die wesentlich älter zu sein schienen, als es der Schöpfungsglaube zuließ. Denn diesem Glauben zufolge war ja die Erde erst vor 6 000 Jahren entstanden. Gosses geniale Lösung dieses Problems bestand darin anzunehmen, daß Gott die Erde mit sämtlichen Fossilien aus dem Nichts erschaffen habe, so wie er auch Adam mit einem Nabel erschuf, also der Spur einer Geburt, die niemals stattgefunden hatte, und Tiere, die nach ihrer ganzen Beschaffenheit zu urteilen einige Jahre *vor* der Schöpfung Embryonen gewesen sein müßten.

Für den Atheisten Russell spielen freilich die Erfordernisse des religiösen Glaubens keine Rolle. Darum hält er selbst die Hypothese, die Welt könne erst vor fünf Minuten entstanden sein, zwar für unwiderlegbar, zugleich aber auch für «uninteressant». Warum? Offenbar deshalb, weil wir uns über den durch die Erinnerung vermittelten Eindruck, daß es eine Vergangenheit gegeben hat und daß das, was wir aufgrund dieser Erinnerung über sie wissen, im wesentlichen zutrifft, ohnehin nicht hinwegsetzen können. Unsere Erinnerungsbilder unterscheiden sich nämlich von bloßen Vorstellungsbildern gerade dadurch, daß sie von einem Gefühl des *Glaubens* im Sinne eines Für-wahr-Haltens begleitet sind, und von sinnlichen Wahrnehmungen dadurch, daß sie sich uns als Bilder *vergangener* Ereignisse aufdrängen. Erinnerungen sind also ganz besondere Evidenzerlebnisse, das heißt so beschaffen, daß sie jeden theoretischen Zweifel an der Existenz einer Vergangenheit zerstreuen. Sich zu erinnern bedeutet eben zugleich, davon überzeugt zu sein, daß das, woran man sich erinnert, wirklich geschehen ist. Ohne Erinnerungen, meint Russell, wüßten wir daher gar nicht, daß es eine Vergangenheit gegeben hat. Wir hätten keine Bekanntschaft mit ihr.

Allerdings ist Russell zufolge nicht jede Erinnerung in gleichem Maße zuverlässig. Offenkundig gibt es *Grade* der Evidenz und damit auch Grade der Zuverlässigkeit von Erinnerungen. Je weiter ein Ereignis zurückliegt, desto schwächer und unzuverlässiger ist in der Regel unsere Erinnerung. Hingegen wissen wir meist sehr genau, was erst kürzlich geschehen ist, weil unsere Erinnerung noch frisch ist. So werden wir uns im Normalfall sehr gut daran erinnern, daß wir heute Morgen aufgestanden sind und gefrühstückt haben (auch wenn wir vielleicht nicht mehr genau sagen können, *was* wir gefrühstückt haben), und wenn wir dies tun, werden wir es unmöglich finden, daran zu zweifeln. Unsere Erinnerung hat dann vollkommene Evidenz für uns und damit einen Grad erreicht, der sich nicht weiter steigern läßt. Vollkommene Evidenz aber schließt vollkommene Zuverlässigkeit ein. Wenn der höchste Grad an Evidenz erreicht sei, sei dies «eine unfehlbare Garantie für Wahrheit». Den naheliegenden Einwand, daß sich echte Evidenz von scheinbarer Evidenz phänomenal gar nicht unterscheiden läßt und es immer wieder vorkommt, daß man von etwas vollkommen überzeugt ist und sich dennoch täuscht, versucht Russell dadurch zu entkräften, daß er den Irrtum nicht der Erinnerung selbst anlastet, sondern einer von der Erinnerung ausgelösten Assoziation, die dann selbst fälschlich für etwas Erinnertes gehalten werde. So mag es etwa sein, daß wir uns ganz deutlich daran zu erinnern meinen, etwas getan zu haben, aber nicht, weil wir es wirklich getan hätten, sondern nur, weil wir schon so oft *behauptet* haben, es getan zu haben, daß wir mittlerweile schon selbst daran glauben. In diesem Fall würden wir uns aber, meint Russell, in Wahrheit gar nicht falsch *erinnern*, sondern wir würden uns, und zwar ganz korrekt, an unser wiederholtes *Behaupten* erinnern und damit dann die falsche Vorstellung verbinden, daß das Behauptete wirklich stattgefunden hat.

Doch auch wenn solche falschen Vorstellungen tatsächlich, wie Russell meint, stets durch Erinnerungsassoziation entstehen und nicht selbst Erinnerungen sind, so scheinen sie sich doch für den, der diese Vorstellungen hat, nicht von echten Erinnerungen zu unterscheiden. Gerade darin liegt aber das Problem: Wenn Pseudo-Erinnerungen, also Vorstellungen, die wir fälschlich für Erinnerungen halten, für uns selbst die gleiche vollkommene Evidenz haben können wie echte Erinnerungen, dann ist vollkommene Evidenz eben doch kein Garant für Wahrheit, auch wenn wir vielleicht keine andere Wahl haben, als uns auf diese Evidenz zu verlassen.

Dennoch ist die von Russell ins Spiel gebrachte Erwägung, daß uns auch alle Erinnerungen täuschen könnten, weil die Welt erst vor fünf Minuten entstanden ist und somit die vergangenen Ereignisse, an die wir uns zu erinnern glauben, nie stattgefunden haben, zwar nicht widerlegbar, aber zugleich auch sehr unwahrscheinlich. Unwahrscheinlich ist sie insofern, als sie uns außerstande setzt, uns unsere Erinnerungen und all die anderen Zeugnisse und Spuren einer vergangenen Zeit verständlich zu machen. Wir können uns nämlich die Existenz solcher Spuren ganz leicht erklären, wenn wir annehmen, daß es das, worauf die

Spuren verweisen, wirklich gegeben hat. Ziehen wir hingegen die Existenz einer Vergangenheit überhaupt in Zweifel, werden die Erinnerungen und anderen Vergangenheitsspuren zu einem Mysterium. Tatsächlich gibt es nichts, das dafür spricht, die Hypothese einer Fünf-Minuten-Welt ernsthaft zu erwägen – außer ihrer Unwiderlegbarkeit. Da es aber eine unendliche Zahl von Hypothesen gibt, die gleichfalls möglich im Sinne von nicht widerlegbar sind und die wir dennoch ohne weiteres ignorieren, bedürfte es schon eines zusätzlichen Grundes, um gerade *diese* Hypothese ernst zu nehmen. Diesen zusätzlichen Grund gibt es aber nicht, und das erlaubt uns zu sagen, daß die Hypothese zwar möglich, aber sehr, sehr unwahrscheinlich ist. Andererseits mag man schon die bloße Möglichkeit beunruhigend finden. Schließlich ist es, wie Aristoteles einmal bemerkte, ausgesprochen unwahrscheinlich, daß das Unwahrscheinliche *nie* geschieht.

6.

Die Erfindung des Erkennens

«In irgendeinem abgelegenen Winkel des in zahllosen Sonnensystemen flimmernd ausgegossenen Weltalls gab es einmal ein Gestirn, auf dem kluge Tiere das Erkennen erfanden. Es war die hochmütigste und verlogenste Minute der ‹Weltgeschichte›: aber doch nur eine Minute. Nach wenigen Atemzügen der Natur erstarrte das Gestirn, und die klugen Tiere mußten sterben.» Mit dieser Fabel beginnt Friedrich Nietzsche (1844–1900) seinen Essay *Über Wahrheit und Lüge im außermoralischen Sinne.* Mit den klugen Tieren, die das Erkennen erfanden, sind natürlich die Menschen gemeint. Die im Verhältnis zur Geschichte der Welt sehr knapp bemessene Dauer unserer Existenz als Gattung läßt unseren Glauben, diese Welt tatsächlich in ihrem Wesen erkennen zu können, als unerhörte Anmaßung erscheinen. Obwohl wir nur ein kurzes Gastspiel geben und es in nicht allzu ferner Zukunft so sein wird, als hätte es uns nie gegeben, halten wir uns doch für das Zentrum der Welt, für die Krone der Schöpfung, da wir uns denkend und erkennend über das Ganze zu erheben meinen. (Der Mensch, sagte Pascal, ist nur ein sehr schwaches Schilfrohr der Natur, aber, fügte er hinzu: Er ist ein *denkendes* Schilfrohr und daher viel edler als das Universum, das ihn doch ohne die geringste Anstrengung zermalmt!) Tatsächlich aber, meint Nietzsche, beruht unser Hochmut auf einer Illusion oder einem Mißverständnis. Denn die Funktion des Verstandes bestehe gar nicht darin, uns die Wahrheit erkennen zu lassen, sondern ganz im Gegenteil: Er ist in erster Linie ein Werkzeug der Täuschung! Denn nur durch die Täuschung kann sich ein so schwaches Geschöpf wie der Mensch in der Natur behaupten. Weder brauchen wir die Wahrheit, um zu überleben und uns in der Welt zurechtzufinden, noch ist sie uns überhaupt zugänglich.

Anstatt das Wesen der Dinge zu erkennen, sind wir «tief eingetaucht in Illusionen und Traumbilder», unser «Auge gleitet nur
auf der Oberfläche der Dinge herum» und begnügt sich damit,
«Reize zu empfangen und gleichsam ein tastendes Spiel auf dem
Rücken der Dinge zu spielen.» Denn unsere Sinne vermitteln uns
ja keinen wahren Eindruck dessen, was um uns herum wirklich
geschieht. Vielmehr ist das, was wir wahrnehmen, nichts als eine
Übersetzung von Nervenreizen in Bilder und somit bereits eine
Metapher, die uns keinen Aufschluß über die Dinge selbst gibt.

Daß wir unter diesen Umständen dennoch so etwas wie einen
Trieb zur Wahrheit zu haben scheinen, erklärt sich zunächst
daraus, daß wir irgendwann beschlossen haben, uns in eine gesellschaftliche Ordnung zu fügen, um so den Naturzustand und
damit den «Krieg aller gegen alle» (Hobbes) – in dem nur der
überlebt, der am besten zu täuschen vermag – zu beenden. Dieser Zusammenschluß erforderte nämlich auch die Einigung auf
einen bestimmten Sprachgebrauch, an den sich von nun an alle zu
halten hatten und der es erstmals erlaubte, das Wahre vom Un-
wahren klar abzugrenzen. Seither gilt das als Wahrheit, was den
sprachlichen Festlegungen entspricht, und als Lüge, was ihnen
nicht entspricht – so wenn einer Armut nennt, was alle anderen
mit dem Wort Reichtum bezeichnen.

Aber was für eine Wahrheit ist das, die wir so gewonnen haben?
Entsprechen denn die Worte den Dingen, so daß wir tatsächlich
etwas über diese erfahren haben, wenn wir sie richtig, das heißt in
Übereinstimmung mit der sprachlichen Konvention, benannt haben? Keineswegs, meint Nietzsche, denn ein Wort ist letztlich
auch nichts anderes als eine weitere Übertragung, nämlich die
Übertragung des zuvor aus dem Nervenreiz entstandenen Bildes
in einen Laut. Also sind auch Worte wieder Metaphern, schlimmer noch: Metaphern von Metaphern. Was wir im Wort abbilden,
sind, genau besehen, gar nicht die Dinge selbst, ja nicht einmal die
Bilder oder Erscheinungen der Dinge, sondern lediglich die *Beziehungen*, in denen wir Menschen zu ihnen stehen. Wenn wir
sagen, daß der Stein hart sei, bringen wir nur zum Ausdruck, wie
er sich *für uns* anfühlt. Wenn wir die Dinge in Geschlechter ein-

teilen oder Arten voneinander abgrenzen, dann greifen wir willkürlich, geleitet nur durch die Zwecke, die wir gerade verfolgen,
einige Eigenschaften heraus und erklären diese für wesentlich
und alle anderen für unwesentlich. Bezogen auf diese wenigen für
wesentlich erklärten Eigenschaften finden wir dann, daß einige
Dinge einander gleichen, woraufhin wir uns berechtigt glauben,
sie mit ein und demselben Namen zu belegen. So bringen wir die
Welt auf den Begriff, indem wir das, was uns in ihr begegnet, nach
einem Maß ordnen, das wir ihm selber gegeben haben. «Jeder Begriff entsteht durch Gleichsetzen des Nichtgleichen.» Wären
aber unsere Interessen andere gewesen, dann wären auch die Set-
zungen, die wir mittels der Sprache vornehmen, anders verlaufen. Denn alle Dinge, oder vielleicht sollte man besser sagen: alle
Ereignisse, gleichen einander ja in bestimmter Hinsicht und unterscheiden sich in anderer. Tatsächlich ist die Verschiedenheit
mindestens genauso grundlegend wie die Ähnlichkeit, nur daß
wir die Unterschiede bei der Begriffsgebung ignorieren und
später vergessen. Dieses Vergessen erlaubt es uns dann, uns in
dem Glauben zu wiegen, unsere gänzlich anthropomorphen
Begriffe hätten irgend etwas mit der Wirklichkeit, mit dem Wesen der Dinge zu tun. «Was also ist Wahrheit? Ein bewegliches
Heer von Metaphern, Metonymien, Anthropomorphismen, kurz
eine Summe von menschlichen Relationen, die, poetisch und
rhetorisch gesteigert, übertragen, geschmückt wurden und die
nach langem Gebrauch einem Volke fest, kanonisch und verbindlich dünken: die Wahrheiten sind Illusionen, von denen
man vergessen hat, daß sie welche sind».

Obwohl wir somit, wenn wir die Wahrheit zu sagen glauben,
nichts anderes tun als «nach einer festen Konvention zu lügen»,
«herdenweise in einem für alle verbindlichen Stile», ist uns doch
diese Lüge durch lange Gewohnheit so selbstverständlich geworden, daß sie uns nicht mehr als solche bewußt ist. Wir haben die
ursprünglich allein aus Gründen der Nützlichkeit geschlossene
sprachliche Vereinbarung so vollständig übernommen, daß wir
inzwischen unser Selbstwertgefühl an die Einhaltung der Konvention knüpfen. Wir halten uns jetzt für moralisch verpflichtet,

die Lüge als Wahrheit auszugeben und alles, was dieser Pseudo-Wahrheit nicht entspricht, auszublenden und nach Kräften zu unterdrücken. Wir stellen unser Denken und Handeln unter die Herrschaft der Abstraktionen und nennen es «vernünftig», wir verflüchtigen unsere reichen Sinneserfahrungen zu farblosen Schemata, die sich dann nach Belieben gruppieren und einordnen lassen und so den beruhigenden Eindruck von Regelmäßigkeit und Festigkeit erzeugen. Der Mensch erweist sich hier als «gewaltiges Baugenie, dem auf beweglichen Fundamenten und gleichsam auf fließendem Wasser das Auftürmen eines unendlich komplizierten Begriffsdomes gelingt».

Nun ist es innerhalb eines solchen Baus ganz leicht, das zu gewinnen, was wir stolz und naiv Erkenntnis nennen. Wir müssen darin nämlich nur das wiederfinden, was wir zuvor hineingetan haben. Der Akt des Findens ist also nur möglich, weil ihm eine Erfindung vorausgeht. So täuschen wir uns selbst über den Wert und die Reichweite dieses sogenannten Erkennens hinweg und knüpfen unser Selbstbewußtsein daran, ohne zu bemerken, daß wir nicht weiter blicken als andere Geschöpfe, nur eben anders. Jedes Wesen, die Mücke genauso wie der Mensch, betrachtet die Dinge aus seiner eigenen Perspektive, legt daran sein eigenes Maß an, und keine Perspektive ist «richtiger» als die andere. Und doch binden wir uns ohne Not an eine ganz bestimmte Perspektive, indem wir am Glauben an die Wahrheit festhalten, daran, daß es eine Perspektive gebe, die sich vor allen anderen auszeichne, die gleichsam keine Perspektive mehr sei. Durch den Bau der Begriffe zementieren wir ein bestimmtes Weltbild und berauben uns so selbst einer wesentlichen Freiheit, der schöpferischen Freiheit, die den Menschen am ehesten auszeichnet. Denn wenn den Menschen etwas ausmacht, dann ist es nicht der Trieb zur Wahrheit, sondern der Trieb zur Metaphernbildung, der sich auch heute noch trotz all unserer Bemühungen, ihn durch begriffliche Festlegungen zu bändigen, immer wieder Bahn bricht: nämlich in der Kunst. «Fortwährend verwirrt er die Rubriken und Zellen der Begriffe dadurch, daß er neue Übertragungen, Metaphern, Metonymien hinstellt, fortwährend zeigt er die Be-

gierde, die vorhandene Welt des wachen Menschen so bunt un-
regelmäßig, folgenlos unzusammenhängend, reizvoll und ewig
neu zu gestalten, wie es die Welt des Traumes ist.»

Wahre Erkenntnis, insistiert Nietzsche, ist nicht möglich; aber
er macht nicht den Eindruck, als würde er dies für einen großen
Verlust halten. Vielmehr scheint er uns dazu zu ermuntern, uns
ins ästhetische Verhalten einzuüben und zu lernen, uns statt als
erkennendes als künstlerisch schaffendes Wesen zu verstehen.
Denn was könnte schließlich großartiger sein und größere Freiheit versprechen als diese als Erkenntnisvermögen mißverstan-
dene Fähigkeit, uns die Welt immer wieder neu zu *erfinden*? Der
entfesselte, zu seiner eigentlichen Bestimmung zurückgekehrte
Verstand zerschlägt fröhlich und wild wuchernd das Knochen-
gerüst der Begriffe. In diesem freien, keinen Wahrheitszwängen
unterworfenen Spiel aber sucht und findet der Mensch Erhel-
lung, Aufheiterung, Erlösung, kurz: das Glück.

7

Gehirne im Tank

Kann es sein, daß die Welt, in der wir zu leben glauben, nur eine Illusion ist, und daß die Wirklichkeit in Wahrheit ganz anders aussieht? Wie können wir sicher sein, daß nicht ein böser Dämon, wie ihn Descartes ersonnen hat, uns diese Welt nur vorgaukelt, oder wir nicht, wie in der Geschichte, die der Film *Matrix* erzählt, von Maschinen versklavt und von Geburt an in einer Nährlösung schwimmend, unser ganzes geistiges Leben in einer Computersimulation zubringen?

Der 1926 geborene amerikanische Philosoph Hilary Putnam hat ein Argument entwickelt, welches zeigen soll, daß derartige Annahmen in sich widersprüchlich und somit notwendig falsch sind. Sie widerlegen sich selbst in derselben Weise, wie der Satz «Alle allgemeinen Sätze sind falsch» sich selbst widerlegt (da auch dieser Satz selbst, wenn er wahr ist, falsch sein muß), oder der Satz «Ich existiere nicht», wenn jemand ihn auf sich selbst bezogen ausspricht oder denkt.

Seine Überlegungen illustriert Putnam an einem Gedankenexperiment: Stellen wir uns vor, ein skrupelloser Wissenschaftler habe das Gehirn eines Menschen aus seinem Körper entfernt und in einen mit einer lebenserhaltenden Flüssigkeit gefüllten Tank gebracht. Die Nervenenden des Gehirns sind mit einem Super-Computer verbunden, der im Gehirn mittels elektronischer Impulse Bilder und Eindrücke erzeugt, die genau denen entsprechen, die auch wir haben, wenn wir uns in der realen Welt bewegen. Diese Bilder und Eindrücke sind so realistisch, daß das Gehirn bzw. das Bewußtsein, das in ihm steckt, keine Möglichkeit hat, den Unterschied zu seinem vorherigen Zustand zu bemerken. Es hat also nicht die geringste Ahnung, daß es jetzt in Wirklichkeit nur noch ein Gehirn im Tank ist. Stellen wir uns weiter vor, dieses Mißgeschick sei nicht irgendeinem Menschen, sondern uns selbst passiert. *Wir* seien also die Gehirne im Tank. Könnten wir in diesem Fall, so fragt nun Putnam, *sagen* oder *denken*, daß wir es sind? Putnam selbst meint, daß wir es nicht könnten, weil «die Annahme, wir seien tatsächlich Gehirne in einem Tank, unmöglich wahr sein kann, obgleich sie gegen kein physikalisches Gesetz verstößt und mit allen unseren Erfahrungen völlig in Einklang steht.»

Aber warum sollte eine solche Annahme nicht wahr sein können und, selbst wenn sie nicht wahr wäre, warum sollten wir dann nicht dennoch wenigstens denken und sagen können, daß sie wahr sei? Es mag ja sein, daß es nicht den geringsten Grund gibt, sie für wahr zu halten, aber das heißt doch nicht, daß sie nicht dennoch wahr sein *könnte*. Und *vorstellen* können wir uns diese Situation doch allemal. Gerade das aber, meint Putnam, sei ein Irrtum: Wir können es uns *nicht* vorstellen. Das liegt daran, daß unsere Vorstellungen oder Gedanken und die Worte, mit denen wir sie zum Ausdruck bringen, eine Bedeutung haben, daß sie also für etwas stehen oder sich auf etwas *beziehen*. So bezieht sich das Wort «Baum» im Normalfall auf den Gegenstand Baum, also auf ein materielles Ding, das unabhängig von uns in der Außenwelt existiert. Worte und Gedanken sind also Zeichen oder werden als solche benutzt. Sie können sich aber nicht auf alles beziehen, sondern nur, grob gesagt, auf dasjenige, was Gegenstand unserer Erfahrung ist. Wenn wir Gehirne im Tank wären, wäre aber die Tatsache, *daß* wir Gehirne im Tank sind, gerade *nicht* Gegenstand unserer Erfahrung. Wir könnten uns daher sprachlich und gedanklich auch nicht darauf beziehen.

Um dieses Argument zu verstehen, muß man sich erst einmal klar machen, daß es uns zwar ganz selbstverständlich erscheint, uns mit Worten und Vorstellungen auf etwas zu beziehen, was selbst nicht Wort oder Vorstellung ist (oder zu sein braucht), daß es aber sehr schwer ist, genau zu sagen, wie wir das eigentlich machen. Klar ist, daß die Worte, die wir verwenden, etwas bedeuten, unklar hingegen, wie die Bedeutung in die Worte hineinkommt, wie also ein Ding oder Ereignis (wie ein Wort) über sich hinausweisen kann auf ein anderes Ding oder Ereignis. Manche haben gemeint, daß sich der Bezug oder die Bedeutungshaftigkeit auf die *Ähnlichkeit* zwischen Zeichen und Bezeichnetem gründe, daß also zum Beispiel eine Vorstellung dann die Vorstellung *von etwas* sei, wenn sie der betreffenden Sache hinreichend ähnlich ist. Es läßt sich aber leicht zeigen, daß die Ähnlichkeit weder notwendig noch hinreichend ist. Wenn eine Ameise zum Beispiel zufällig dadurch, daß sie im Sand hin und her läuft, eine Linie zieht, die aussieht wie ein Bild des englischen Staatsmanns Winston Churchill, dann würden wir nicht sagen, daß es sich tatsächlich um ein Bild von Churchill handelt. Die von der Ameise gezogene Linie bildet nichts ab; sie stellt nichts dar, steht nicht für etwas anderes, weder für Churchill noch für sonst irgend etwas. Nur wenn die Ameise eine Vorstellung von Churchill gehabt und die Linie in der Absicht gezogen hätte, Churchill darzustellen, könnte die Linie zu Recht als *Bild* oder Darstellung Churchills angesehen werden. *Wir* freilich könnten die Linie auch ohne dies (fälschlich oder spielerisch-imaginativ) als Abbildung wahrnehmen (so wie wir in Wolken Tiere dargestellt finden, ohne dabei zu glauben, daß die betreffenden Wolken tatsächlich Darstellungen von Tieren *sind*), jedoch nur dann, wenn wir wüßten (und nur, *weil* wir wüßten), wie Churchill ausgesehen hat. Andernfalls wäre die Linie für uns kein Bild Churchills, sondern allenfalls das Bild irgendeines Mannes. So wenig aber physische Gegenstände und Vorkommnisse wie eine Linie im Sand für sich selbst genommen irgend etwas bedeuten, so wenig bedeuten *geistige* Bilder, also Vorstellungen und Gedanken, etwas für sich selbst genommen. «Gedachte Wörter und geistige Bilder sind *intrinsisch* keine Darstellungen dessen, wovon sie handeln.» *Ob* es sich bei einem – physischen oder geistigen – Bild um eine Darstellung handelt und *wovon* es eine Darstellung ist, hängt ausschließlich von äußeren Faktoren ab, nämlich einerseits von den Dispositionen der Denkenden bzw. Sprechenden, andererseits von den *Ursachen* des Bildes.

Nun meinen Gehirne im Tank zweifellos, sich mit ihren Vorstellungen auf etwas zu beziehen, und das tun sie auch. Die Frage ist nur, auf was. Wenn wir tatsächlich Gehirne im Tank wären und beispielsweise von einem Baum sprächen oder uns einen Baum vorstellten, würden wir uns dann auf *denselben* Gegenstand beziehen wie jemand, der kein Gehirn im Tank ist? Putnam bestreitet dies mit der Begründung, daß es keinen notwendigen ursächlichen Zusammenhang gibt zwischen den Baum-Vorstellungen der Gehirne im Tank und tatsächlichen Bäumen. Denn auch wenn es gar keine wirklichen Bäume gäbe, hätten Gehirne im Tank immer noch dieselben Vorstellungen. Ihre Vorstellungen sind ausschließlich das Produkt technisch erzeugter Nervenreize. Darum denken sie auch nicht an *wirkliche* Bäume, wenn sie denken, daß vor ihnen ein Baum steht, während Menschen, die keine Gehirne im Tank sind, sehr wohl an wirkliche Bäume denken. Woran sie denken, hängt nämlich nicht allein von der Beschaffenheit der Vorstellung ab, sondern auch von der realen Beschaffenheit des Gegenstandes, auf den sich die Vorstellung bezieht. «Bedeutungen sind», sagt Putnam, «nicht im Kopf.» Weil Gehirne im Tank aber darum nicht an wirkliche Bäume denken können, sondern nur an, sagen wir, Bäume-im-Vorstellungsbild, haben sie recht, wenn sie denken, daß vor ihnen ein Baum steht. Denn das tut er ja wirklich, nämlich im Vorstellungsbild. Aus demselben Grund aber hätten auch die Gehirne im Tank recht, wenn sie dächten oder sagten, daß sie *keine* Gehirne im Tank sind, und unrecht, wenn sie dächten oder sagten, sie seien es. Denn im Vorstellungsbild sind sie es tatsächlich nicht, und nur darauf können sie sich mit ihren Worten und Gedanken beziehen. Falls wir also tatsächlich Gehirne im Tank sind, ist der Satz «Wir sind Gehirne in einem Tank» falsch. Also, folgert Putnam, sind wir ohne jeden Zweifel *keine* Gehirne im Tank.

Ist diese Beweisführung aber schlüssig? Ich würde sagen: nein, da Putnam sich selbst in den Widerspruch verwickelt, den er aufzeigen will. Denn nehmen wir an, wir wären Gehirne im Tank. Könnten wir dann mit Putnam denken und sagen, daß der Satz ‹Wir sind Gehirne im Tank› falsch wäre, wenn wir tatsächlich Gehirne im Tank wären? Wenn Putnam mit seiner Bedeutungstheorie recht hätte, dann könnten wir es offenbar nicht, da *dieser*

Satz (nämlich: «Wenn wir Gehirne im Tank wären, wäre der Satz ‹Wir sind Gehirne im Tank› falsch») ja nur dann sinnvoll ist, wenn sich die Wörter «Gehirne» und «Tank» im ersten Teil des Satzes auf *wirkliche* Gehirne und Tanks beziehen. Ist das aber nicht der Fall, wie man nach Putnams eigener Theorie annehmen muß, und beziehen sich die Begriffe auch im ersten Teil des Satzes auf Gehirne-im-Vorstellungsbild und Tanks-im-Vorstellungsbild, dann ist der Satz in sich widersprüchlich und kann (auch für Gehirne im Tank) nicht wahr sein. Also muß er falsch sein und sein Gegenteil wahr, gleichgültig, ob wir nun Gehirne im Tank sind oder nicht. Folglich gilt: Falls wir wirklich Gehirne im Tank sind, dann sind wir es auch.

Dennoch hat Putnam mit seiner Argumentation einen wichtigen Punkt getroffen, indem er die *pragmatische* Dimension des Wahrheitsbegriffs aufzeigt. Entscheidend ist hier nämlich, daß es praktisch gesehen für uns überhaupt keine Rolle spielt, ob wir Gehirne im Tank sind oder nicht. In *unserer* Welt sind wir es offensichtlich nicht, und das ist alles, was wir wissen müssen. Und wenn man Wahrheit mit Putnam nicht als Korrespondenz, sondern als *rationale Akzeptierbarkeit* versteht, wofür es gute Gründe gibt, dann ist es tatsächlich, nämlich für uns, *wahr*, daß wir keine Gehirne im Tank sind, daß kein böser Dämon uns ständig täuscht und dergleichen mehr. Wie die Welt von einem göttlichen Standpunkt aus betrachtet aussehen mag, braucht uns nicht zu interessieren.

8.

Gegenstände, von denen gilt,
daß es sie nicht gibt

Die Ansicht, daß sich unsere Begriffe und Vorstellungen, als geistige Akte verstanden, auf etwas beziehen, daß sie Begriffe und Vorstellungen *von* etwas sind, ist, zumindest auf den ersten Blick, recht plausibel. Unklar hingegen ist, wie wir gerade gesehen haben, *auf was* sie sich beziehen, auf was sie sich beziehen *können* und schließlich, wie eine solche Bezugnahme überhaupt möglich ist.

Eine weitere Schwierigkeit, die mit der Tatsache der Bezugnahme verbunden ist, besteht darin, daß wir uns oft auf Gegenstände beziehen oder zu beziehen scheinen, die gar nicht existieren. So können wir etwa über ein Fabelwesen, zum Beispiel ein geflügeltes Pferd, reden und ganz sinnvoll sagen, daß ein solches Wesen nicht existiert. Aber *worüber* reden wir eigentlich, wenn wir eine solche Aussage treffen? Doch wohl über eben dieses geflügelte Pferd, von dem wir zugleich erkennen und urteilen, daß es nicht existiert. Um aber dies erkennen und ein entsprechendes Urteil fällen zu können, müssen wir, so scheint es, doch wenigstens irgendeine *Vorstellung* von diesem Wesen haben, sonst gäbe es ja nichts, über das wir sagen könnten, daß es nicht existiert. Aber kann man eine Vorstellung von etwas haben, das nicht existiert? Kann das Nichtexistierende *Gegenstand* unserer Vorstellung sein? Die Schwierigkeit scheint nicht so groß zu sein, wenn es sich um geflügelte Pferde handelt, weil wir sowohl eine Vorstellung von (existierenden) Flügeln als auch eine Vorstellung von (existierenden) Pferden haben und uns dann einfach beides zusammen vorstellen können. Aber wie steht es mit Gegenständen, die nicht nur nicht existieren, sondern nicht einmal existieren *können*, weil sie in sich widersprüchlich sind? Was wir über ein geflügeltes Pferd sagen können, nämlich daß es nicht existiert, können wir ja auch über einen unmöglichen Gegenstand wie ein rundes Quadrat sagen. Um aber das Urteil fällen zu können, daß es kein rundes Quadrat gibt und auch nicht geben kann, muß dieses unmögliche Quadrat doch zuvor irgendwie für uns da sein. *Wessen* Nichtexistenz würden wir sonst behaupten? Auch runde Quadrate sind daher Vorstellungsgegenstände, die, wie der österreichische Philosoph Alexius Meinong (1853–1920) in seiner 1904 erschienenen Programmschrift *Über Gegenstandstheorie* behauptete, ebenso gewiß rund wie viereckig sind. Solche Gegenstände unterstehen somit nicht dem Satz vom Widerspruch, da sie zugleich und in derselben Hinsicht eine Eigenschaft haben und sie nicht haben. Paradox ausgedrückt könnte man also sagen, daß es Gegenstände gibt, «von denen gilt, daß es dergleichen Gegenstände nicht gibt.»

Bertrand Russell hat in seinem Aufsatz *On Denoting*, der erstmals 1905, also ein Jahr nach Meinongs Programmschrift erschien, dessen Gegenstandstheorie verworfen und an ihre Stelle eine Theorie der Beschreibungen gesetzt, die lange Zeit die Diskussion dominierte und Meinong ins Abseits stellte. Erst rund fünfzig Jahre später setzte eine Wiederentdeckung ein. Russells Haupteinwand gegen Meinong bestand eben darin, daß dieser Gegenstände annahm, die dem Satz vom Widerspruch nicht unterstehen. Dies aber sei «unerträglich» (intolerable). Ein Ausdruck wie «rundes Quadrat» bezeichne weder etwas noch bedeute er etwas. Bedeutung habe erst die Aussage, in der ein solcher Ausdruck vorkommt. Eine Aussage wie die, daß ein rundes Quadrat rund sei, lasse sich dann analysieren als: Es gibt eine und nur eine Entität x, die rund und quadratisch ist, und diese Entität ist rund. Diese Aussage aber sei klarerweise falsch, nicht wahr, wie Meinong aufgrund seiner falschen Gegenstandstheorie annahm.

Aber ist das Problem, mit dem Meinong gerungen hat, damit wirklich gelöst? Die Tatsache, daß wir es zumindest oft mit Gegenständen zu tun zu haben *scheinen*, die nicht existieren, bleibt ja weiterhin bestehen, zumal unmögliche Gegenstände wie runde Quadrate längst nicht die einzigen Gegenstände sind, auf die

Meinongs paradoxe Formulierung zutrifft. So gibt es auch eine schier unendliche Zahl von *unvollständigen Gegenständen*. Ein Beispiel wäre ein geometrischer Gegenstand wie das Dreieck. Zwar hat jedes konkrete, abgebildete Dreieck ganz bestimmte Seitenlängen und Winkelgrößen, aber das gedachte und vorgestellte Dreieck kann in dieser Hinsicht unbestimmt sein und ist es auch meistens. Wenn wir ganz allgemein über Dreiecke reden oder darüber nachdenken, dann sind diese Dreiecke weder gleichseitig noch nicht gleichseitig, weder rechtwinklig noch nicht rechtwinklig. Mit anderen Worten: Sie unterstehen nicht dem Satz vom ausgeschlossenen Dritten, und insofern können sie gar nicht real existieren. Aber doch gibt es sie, und zwar nicht nur als psychologische Tatsache. Nach Auffassung Meinongs darf man nämlich nicht psychologistisch das Erkennen mit dem Erkannten verwechseln. Das Erkennen selbst ist ein psychischer Vorgang, aber das Erkannte ist nicht einfach ein Element innerhalb dieses Vorgangs, sondern etwas Eigenständiges, dem Erkennen Gegenüberstehendes. Erkenntnis muß somit als «Doppeltatsache» verstanden werden: Dem Erkennen steht stets ein Erkanntes gegenüber, das im Akt der Erkenntnis erfaßt wird. Unter dieser Voraussetzung sind natürlich mathematische Gegenstände wie gerade Linien oder rechte Winkel etwas sehr Merkwürdiges, weil sie weder in der Welt «dort draußen» noch bloß in der Vorstellung oder *als* Vorstellung existieren. Für das geflügelte Pferd, von dem wir anfangs sprachen, gilt dann im übrigen dasselbe: Wir können seine Existenz nicht einfach als die einer zusammengesetzten Vorstellung erklären, weil die Vorstellung, verstanden als Akt, nicht ihr eigener Gegenstand ist. Auch geflügelte Pferde existieren also nicht *in der Vorstellung*, sondern haben irgendeine Art von Sein außerhalb der Vorstellung.

Nun könnte man sich vielleicht damit beruhigen, daß zumindest *einige* Vorstellungsgegenstände real existieren. Von den Gegenständen des *Denkens*, die Meinong (im Unterschied zu den *Vorstellungs*gegenständen, die bei ihm «Objekte» heißen) «Objektive» nennt, kann jedoch nicht einmal das gesagt werden. Zum Beispiel ist der Gegenstand (das Objektiv) der Erkenntnis, daß es keine geflügelten Pferde gibt, die Nichtexistenz geflügelter Pferde. Diese Nichtexistenz aber ist selbst nichts, das existiert. Die Nichtexistenz, die Gegenstand unseres Denkens ist, existiert genausowenig wie die Existenz. Auch Gleichheit und Verschiedenheit, die wir denkend erfassen, existieren nicht, weil ihnen, als Gegenständen, weder physische noch psychische Existenz zukommt. Ebensowenig existiert die Zahl neben dem Gezählten, zum Beispiel die Anzahl der Bücher einer Bibliothek neben und zusätzlich zu diesen Büchern. Niemand aber wird bestreiten wollen, daß uns Existenz, Gleichheit, Verschiedenheit und Zahl ebenso gegeben sind wie das Existierende und das Gezählte, das Gleiche und das Verschiedene. Dieses *Gegebensein*, das nichts mit Existenz zu tun hat, kommt nach Meinong allen Gegenständen zu. Diese lassen sich nach den Hauptklassen erfassenden Erlebens in vier Arten unterteilen. Auf diese Weise treten neben die Gegenstände des Vorstellens und Denkens drittens die sogenannten Dignitative als Gegenstände des *Fühlens* und viertens die sogenannten Desiderative als Gegenstände des *Begehrens*. Denn wir erkennen ja nicht nur etwas oder stellen uns etwas vor, sondern wir fühlen auch *etwas* und begehren *etwas*. All diese Gegenstände sind ferner hierarchisch geordnet, so daß zum Beispiel Verschiedenheit der Sache nach, also nicht aufgrund einer willkürlichen Festlegung, einer höheren Gegenstandsordnung angehört als das, was verschieden ist.

Der Kern von Meinongs Gegenstandstheorie aber ist das Prinzip der *Unabhängigkeit des Soseins vom Sein*, dem alle Gegenstände, einschließlich der real existierenden, gehorchen. Das heißt, weder über seine Existenz noch auch nur über die Möglichkeit seiner Existenz müssen wir irgendein Urteil fällen, um wahre Aussagen über einen Gegenstand treffen zu können. So können wir etwa ohne weiteres die Verschiedenheit oder Gleichheit zweier Dinge erkennen, ohne uns darauf festzulegen, ob diese Dinge existieren oder nicht. Dem «reinen Gegenstand», wie Meinong sagt, ist die Existenz immer äußerlich, er steht «jenseits von Sein und Nichtsein» und ist «von Natur außerseiend». Damit ist gemeint, daß im Unterschied zu seinem Sosein (also dem, was ihn zu dem macht, was er als dieser bestimmte Gegenstand ist) die Existenz oder Nichtexistenz nichts ist, was dem Gegenstand, egal welchem, an sich selbst zukäme. Vielmehr ist Existenz immer etwas, das wir einem Gegenstand im Zuge eines Urteils zusprechen bzw. absprechen. Dazu muß der Gegenstand aber zunächst einmal da sein. Selbst um auch nur die *Möglichkeit* seiner Existenz zu beurteilen, etwa die eines runden Quadrats, muß er uns zuvor gegeben sein. Die Frage ist nur, was Gegebensein hier genau bedeutet. Wenn reine Gegenstände weder physisch noch psychisch sind, was sind sie dann? Und vor allem: *Wo* sind sie?

9.

Der ontologische Gottesbeweis

Wir können uns Gegenstände vorstellen, ohne sie uns als existierend vorzustellen. Meinong war sogar davon überzeugt, daß überhaupt kein Gegenstand von sich aus schon als existierend vorgestellt oder gedacht werde. Darum scheinen wir auch von jedem Gegenstand, ohne uns zu widersprechen, sagen zu können, daß er nicht existiert. Die Aussage mag zwar falsch sein, aber nicht widersprüchlich. Aus dem gleichen Grund können wir auch die Frage, ob ein von uns vorgestellter Gegenstand real existiert oder nicht, nicht schon dadurch beantworten, daß wir den Gegenstand, so wie er uns in der Vorstellung gegeben ist, so genau wie möglich untersuchen. Denn welche Eigenschaften er auch immer haben mag, ist darunter doch keine, die uns seine Existenz verbürgen würde. Wenn wir etwa wissen wollen, ob eine Katze, die wir uns vorstellen, wirklich existiert, nützt es uns gar nichts, uns sämtliche Eigenschaften der vorgestellten Katze vor Augen zu führen. Um es herauszufinden, müssen wir schon aus unserer Vorstellung heraustreten und in die Welt schauen, also dorthin, wo wir die Katze vermuten.

Daß sich das Sein nicht aus dem Sosein, die Existenz einer Sache nicht aus ihrem Begriff ableiten läßt, scheint ein universales Gesetz zu sein. Aber gibt es wirklich keine Ausnahme? *Könnte es nicht doch Dinge geben, deren Existenz wir uns bereits dadurch zu versichern vermögen, daß wir ihren* Begriff *analysieren?* Manche Philosophen haben gemeint, daß es mindestens *ein* solches Ding gebe, nämlich Gott. Descartes hat in seinen *Meditationen* auf drei verschiedene Arten versucht, die Existenz Gottes zu beweisen, und sein dritter Beweis stützt sich allein auf den Begriff Gottes. Da Gott nämlich als vollkommenes Wesen gedacht werden müsse, Vollkommenheit aber auch Existenz einschließe, müsse Gott notwendig existieren. Kant hat später in der *Kritik der reinen Vernunft* diesem, von ihm selbst *ontologisch* genannten Beweis eine ausführliche Widerlegung gewidmet, die ebenso berühmt geworden ist wie die Beweisführung Descartes'. Dennoch gab es auch danach, von Hegel bis in die Gegenwart hinein, immer wieder neue Versuche, diesen ontologischen Gottesbeweis wiederzubeleben, zuletzt meist mit Hilfe der modalen Logik und der Theorie der möglichen Welten (Alvin Plantinga). Der erste jedoch, der ihn in aller Knappheit vorgetragen und damit die Tradition begründet hat, war Anselm, Bischof von Canterbury (1034–1109).

Anselms fiktiver Gegner ist der Tor, «der in seinem Herzen spricht: es ist kein Gott». Diesem Toren soll nun bewiesen werden, daß auch er aus rein rationalen Gründen an Gott glauben müsse. Dies geschieht auf folgende Weise: Zunächst einmal wird Gott definiert als ein Wesen, über das hinaus nichts Größeres gedacht werden kann (ens quo nihil maius cogitari potest). Nun wird auch der Tor zugeben, daß er diesen Ausdruck zumindest versteht und somit über den Begriff eines solchen Wesens verfügt. Freilich wird er weiterhin darauf bestehen wollen, daß dieses Wesen auch *nur* in seinem Bewußtsein, eben als Vorstellung, existiere und nirgends sonst. Damit aber, meint Anselm, widerspreche sich der Tor selbst. Denn indem er erklärt, daß ein Wesen, über das hinaus nichts Größeres gedacht werden kann, nicht existiere, gibt er zugleich zu, daß es doch noch ein größeres Wesen gebe, nämlich eines, das neben allen anderen Eigenschaften eines solchen Wesens auch noch über Existenz verfügt. Ein Wesen, das nicht existiert, mag es ansonsten sein, was es will, ist also gerade *kein* Wesen, über das hinaus nichts Größeres gedacht werden kann. Wenn der Tor somit, was er ja zugeben muß, über den Begriff eines Wesens verfügt, über das hinaus nichts Größeres gedacht werden kann, dann muß er dieses Wesen auch als existierend denken. Dann aber kann er auch nicht mehr, ohne sich zu widersprechen, behaupten, es gebe kein Wesen, über das hinaus nichts Größeres gedacht werden kann, weil er dann von etwas, was er selbst – und jeder andere auch – nur als existierend denken kann, behaupten würde, es existiere nicht. Das heißt, er würde ihm die Existenz zugleich zu- und absprechen.

Wenn der Tor, das heißt der Gottesleugner, also «in seinem Herzen spricht: es ist kein Gott», so spricht bzw. denkt er etwas, was er selbst nicht richtig versteht, etwas in sich Widersprüchliches und daher Unmögliches. Mit anderen Worten: Er redet und denkt Unsinn.

Nun hat schon zu Anselms Lebzeiten der Mönch Gaunilo gegen diese Beweisführung eingewendet, daß man auf dieselbe Weise auch die Existenz einer Insel beweisen könne, «die an unermeßlicher Herrlichkeit alle anderen Länder dieser Welt übertreffe». Da nämlich zu einer solchen «unermeßlichen Herrlichkeit» auch die Existenz gehöre, wäre es ebenso in sich widersprüchlich zu behaupten, eine solche Insel existiere nicht, wie zu behaupten, Gott existiere nicht. Also kann nicht sinnvoll geleugnet werden, daß diese Insel existiert. Anselms Antwort auf Gaunilos Einwand ist nicht ganz klar, scheint aber darauf hinaufzulaufen, daß Gott *notwendig* existiert und es, da er nicht einmal als nicht-existierend gedacht werden kann, *unmöglich* ist, daß er nicht existiert, während es Gaunilos Insel zwar tatsächlich geben mag, aber es doch immer *möglich* bleibt, daß es sie nicht gibt oder nicht gegeben hätte. Aber abgesehen davon, daß der Begriff einer *notwendigen Existenz*, wie Kant zu Recht hervorhebt, keineswegs klar ist, hat Anselm seinen Beweis ja ausdrücklich nur an die Voraussetzung geknüpft, daß der Tor den Ausdruck «ein Wesen, über das hinaus Größeres nicht gedacht werden kann» *versteht*, und nicht etwa daran, daß der Tor auch glaubt, ein solches Wesen existiere, oder auch nur, daß er dies für eine adäquate Definition Gottes hält. Das heißt aber, daß auch die vermeintliche Tatsache, daß ein solches Wesen nicht einmal als nicht-existierend *gedacht* werden kann und darum als notwendig existierend gedacht werden muß, erst durch das vorgebrachte Argument als erwiesen gelten kann und darum nicht bereits als versteckte Prämisse in eben dieses Argument einfließen darf. Der von Anselm eingeführte Gottesbegriff ist also in dieser Hinsicht offen und in gewisser Weise willkürlich: Für den Toren hat er nichts Zwingendes. Damit aber steht für ihn der Gottesbegriff auf der gleichen logischen Ebene wie Gaunilos Begriff einer Insel, die an Herrlichkeit alle anderen Orte übertrifft, so daß sich ihm, wenn Anselms Beweis triftig wäre, auch die notwendige Existenz einer solchen Insel – sowie einer Unzahl anderer, analog definierter Dinge – ebenso sicher beweisen lassen müßte, und das wäre gewiß eine absurde Konsequenz.

Freilich könnte man sich auf den Standpunkt stellen, daß solche absurden Konsequenzen, die jedoch nicht offensichtlich falsch sind, die Schlüssigkeit der Beweisführung nicht beeinträchtigen. Jedoch beruht der Beweis selbst schon auf ausgesprochen fragwürdigen Voraussetzungen, etwa der, daß Existenz etwas ist, das zur «Größe» beiträgt, also eine Sache größer macht, als sie ohne Existenz wäre. Ist ein existierendes Haus etwa «größer» als ein nur vorgestelltes? In welcher Hinsicht ist es größer? Kann man überhaupt sagen, daß Existenz etwas ist, das zu einer Sache hinzukommt, ihr oder ihrem Begriff irgend etwas hinzufügt? Genau das hat Kant später bestritten, indem er darauf beharrte, daß Existenz nur ein logisches, aber kein «reales Prädikat» sei: «Hundert wirkliche Taler enthalten nicht das mindeste mehr, als hundert mögliche.» Die wirklichen hundert Taler sind nicht *mehr* Taler als die vorgestellten hundert Taler. Darum ist auch Anselms Redeweise, daß der Tor Gott als nicht-existierend denke, mißverständlich: Es klingt so, als nehme der Tor an, jenem Wesen, «über das hinaus nichts Größeres gedacht werden kann», fehle eine bestimmte *Eigenschaft*, nämlich die Existenz. Aber so denken wir uns ja eine Sache gar nicht, deren Existenz wir bestreiten. Wenn Meinong Recht hat, dann denken wir uns die Dinge überhaupt nicht *als* existierend oder *als* nicht-existierend, sondern wir *urteilen*, daß sie existieren oder eben nicht. Die Existenz selbst ist nicht schon Teil des Begriffes, weshalb wir einen Ausdruck sehr wohl, wie Anselm selbst bemerkt, verstehen können, ohne ihn für wahr zu halten, also den Begriff einer Sache verstehen, ohne diese Sache selbst für existent zu halten. Selbst wenn wir den Begriff einer *notwendigen* Existenz verstehen, dann können wir immer noch sinnvoll sagen, daß es nichts gibt, daß notwendig existiert. Widersprechen würden wir uns nur dann, wenn wir sagten, daß *das* notwendig Existierende nicht existiert. Aber das tun wir nicht, und darum hat Kant letztendlich doch recht, wenn er seine Kritik mit dem Satz beschließt: «Es ist also an dem so berühmten ontologischen (...) Beweise, vom Dasein eines höchsten Wesens, aus Begriffen, alle Mühe und Arbeit verloren, und ein Mensch möchte wohl eben so wenig aus bloßen Ideen an Einsichten reicher werden, als ein Kaufmann an Vermögen, wenn er, um seinen Zustand zu verbessern, seinem Kassenbestand einige Nullen anhängen wollte.»

10

Eine körperlose Welt

Im Jahre 1710 publizierte der gerade einmal fünfundzwanzig-
jährige irische Priester und spätere Bischof von Cloyne, George
Berkeley, eine schmale *Abhandlung über die Prinzipien der
menschlichen Erkenntnis*, deren erklärtes Ziel es war, dem wach-
senden Skeptizismus, der drohte, jegliche Gewißheit zu zerstören, ihn ein für allemal in seine Schranken zu weisen. Doch
sehr zu Berkeleys Überraschung passierte genau das Gegenteil:
Er selbst wurde für einen Skeptiker gehalten, und für einen der
schlimmsten obendrein, denn er vertrat die scheinbar abstruse
Ansicht, daß es keine für sich bestehenden materiellen Gegenstände gebe und die Welt nur aus körperlosen Geistern und den
von ihnen vorgestellten Ideen bestehe. Diese Auffassung schien
so sehr dem gesunden Menschenverstand zu widersprechen,
daß man, weit davon entfernt, sie zu akzeptieren, nicht einmal
bereit war, die Überlegungen, die Berkeley zu einer solchen Ansicht geführt hatten, auch nur ernsthaft zu diskutieren. Wenn
die Schlußfolgerung so offensichtlich absurd war, erübrigte sich
jede Auseinandersetzung mit den zu ihren Gunsten vorgebrachten Argumenten. Denn es kann doch, so meinte man, nicht
ernsthaft geleugnet werden, daß die Welt, in der wir leben, eine
Welt ausgedehnter materieller Gegenstände ist, die wir zwar
wahrnehmend erfassen, die aber in ihrer Existenz nicht von unserer Wahrnehmung abhängig sind. Zweifellos gäbe es diese
Welt von Körpern selbst dann, wenn niemand da wäre, der sie
wahrnähme. Doch genau diese, scheinbar so selbstverständliche
Behauptung hielt Berkeley für unverständlich. Denn es ist völlig
unklar, was wir eigentlich genau meinen, wenn wir die selbstän-
dige, wahrnehmungsunabhängige Existenz einer materiellen
Welt behaupten.

Können wir uns denn überhaupt eine solche Welt vorstellen, gab Berkeley zu bedenken, wenn wir sie nicht mehr als eine *wahrgenommene* vorstellen? Wie sähe eine solche Welt aus? Farbig könnte sie doch wohl kaum sein, da Farben, wie wir wissen, erst im Bewußtsein eines Betrachters aufgrund der Wirkung des Lichts auf den Sehapparat entstehen. Wir sehen die Dinge zwar farbig, aber nicht, weil die Dinge an sich selbst farbig wären, sondern weil wir nun einmal so beschaffen sind, daß uns die Dinge farbig *erscheinen*. Ähnliches gilt für die übrigen Sinneswahrnehmungen: Musikinstrumente tönen nicht, sie senden nur Schallwellen aus, die Ohr und Gehirn, ohne daß wir wüßten wie, in Töne verwandeln. Die Rose duftet nicht, sie sendet nur Geruchsstoffe aus, winzig kleine Materiepartikel, die unser Organismus empfängt und auf wundersame Weise in eine Geruchsempfindung verwandelt. Gerüche, Töne und Farben sind also Empfindungsqualitäten, die als solche nicht außerhalb unseres Bewußtseins existieren. Was aber existiert dann außerhalb unseres Bewußtseins? Nun, was anderes als die Körper selbst, also ausgedehnte, möglicherweise auch bewegliche, aber ansonsten nicht weiter bestimmbare Substanzen, die gewissermaßen die notwendige materielle Unterlage für jene Empfindungsqualitäten bilden, die wir an ihnen oder anläßlich ihrer wahrnehmen. Diese *res extensa,* wie Descartes es nannte, dieses ausgedehnte Etwas, ist die Welt, wie sie unabhängig von unserem Geist besteht, wie sie wirklich, ihrer wahren Beschaffenheit nach, ist.

Doch rechtfertigt nicht gerade diese Unterscheidung zwischen einer vermeintlich rein subjektiven Welt sinnlicher Erscheinungsqualitäten und einer vermeintlich objektiveren Welt bloßer Ausdehnung die skeptischen Zweifel hinsichtlich der Möglichkeit von Erkenntnis? Wenn unsere Wahrnehmung uns nicht die Realität zeigt, also nicht das wahre Wesen der Dinge, wie können wir dann überhaupt sicher sein, daß wir deren wahres Wesen erkennen? Denn daß es, wie wir glauben, ausgedehnte, feste Dinge gibt, davon sind wir doch schließlich auch nur deshalb überzeugt, weil wir sie als ausgedehnt und solide wahrnehmen. Wir *sehen* sie als ausgedehnt und *fühlen* ihre Festigkeit. Also ist auch die angebliche Materialität der Gegenstände nur eine bestimmte Weise, im Bewußtsein präsent zu sein. Letztlich gibt es überhaupt nichts, von dem wir sinnvoll sagen könnten, es existiere, was uns nicht in irgendeiner Weise als Vorstellungsinhalt, oder, wie Berkeley sagen würde, als *Idee*, gegenwärtig wäre. All unser Wissen bezieht sich immer nur auf unsere Vorstellungen und auf die Dinge nur insofern, als diese Gegenstände unserer Vorstellung sind. Wenn daher die wahre Welt tatsächlich jenseits des Bewußtseins läge, dann wäre es auch unmöglich, sie zu erkennen. Wir könnten rein gar nichts über sie sagen, nicht einmal, daß sie ausgedehnt sei. Für eine solche extreme Annahme gibt es aber, meint Berkeley, keinen zwingenden Grund. Zwar mögen die Eindrücke, die wir bei der sinnlichen Wahrnehmung eines Gegenstandes empfangen, stärker und lebhafter sein als es der Fall wäre, wenn wir uns diesen Gegenstand nur gedanklich vergegenwärtigen, aber daraus folgt in keiner Weise, daß es eine materielle Welt jenseits unserer Vorstellungen geben müsse. Noch dazu hätte die Annahme einer solchen Welt auch keinerlei Erkenntnis- oder Erklärungswert. Denn wenn wir, wie es ja vielleicht aufgrund der Unwillkürlichkeit unserer Sinnesempfindungen naheliegt, nach einer außer uns liegenden Ursache für unsere Ideen suchen, ist eine materielle Substanz wohl der denkbar schlechteste Kandidat. Völlig unerklärlich ist ja, wie etwas, das den Voraussetzungen gemäß ganz anders sein soll als die Vorstellungen, die wir von ihm haben, diese Vorstellungen verursachen soll. Schon Descartes hatte sich an diesem Problem die Zähne ausgebissen, und bis heute haben wir keine schlüssige Erklärung dafür, wie Bewußtsein aus einer als nichtbewußt gedachten Materie entstehen kann. Die Annahme einer jenseits der Vorstellungen existierenden materiellen Welt dient also keinem erkennbaren Zweck. Genau betrachtet ist sie sogar widersprüchlich und daher sinnlos, da damit die Existenz von etwas behauptet wird, das uns eingestandenermaßen gänzlich unbekannt ist. Wir können also nicht einmal deutlich machen, *wessen* Existenz wir eigentlich behaupten. Darum kommt, wie Berkeley hervorhebt, ein gewöhnlicher Mensch auch gar nicht auf die Idee, die Gegenstände könnten in

Wahrheit etwas anderes sein als das, was sie ihm aufgrund seiner sinnlichen Wahrnehmung zu sein scheinen. Im gewöhnlichen Leben nimmt jeder von uns die Sinneseindrücke für die Dinge selbst. Der Apfel ist das, was er ist, aufgrund seiner besonderen Färbung, seines Geschmacks und Geruchs und der Art und Weise, wie er den Zähnen nachgibt, wenn wir in ihn hineinbeißen. Es sind allein diese mannigfaltigen Sinneseindrücke, die wir *meinen*, wenn wir von den Dingen reden. «Sage ich: der Tisch, an dem ich schreibe, existiert, so heißt das: ich sehe und fühle ihn; wäre ich außerhalb meiner Studierstube, so könnte ich seine Existenz in dem Sinne aussagen, daß ich, wenn ich in meiner Studierstube wäre, ihn wahrnehmen könnte oder daß irgendein anderer Geist ihn gegenwärtig wahrnehme. (...) Denn was von einer absoluten Existenz nicht denkender Dinge ohne irgendeine Beziehung auf ihr Wahrgenommenwerden gesagt zu werden pflegt, scheint durchaus unverständlich zu sein. Esse est percipi: Das Sein solcher Dinge ist Wahrgenommenwerden.»

Berkeley selbst beabsichtigte also in erster Linie eine Art Rettung der Phänomene vor einem Materialismus, der die Objektivität der Sinnesempfindungen leugnete und die Realität auf ein nichtsinnliches Abstraktum reduzierte. Darum war Berkeley auch davon überzeugt, daß er nichts anderes tue, als dem gesunden Menschenverstand, dem Common sense, zu seinem Recht zu verhelfen. Weit davon entfernt, uns der gewohnten Wirklichkeit und der uns vertrauten Dinge zu berauben, halte seine Philosophie gerade an ihr fest. Nicht der von ihm vertretene Immaterialismus, sondern im Gegenteil der Materialismus mit seiner unsinnigen Annahme einer vorstellungstranszendenten Realität widerspreche unserer gewöhnlichen, alltäglichen Auffassung. Gemäß seiner Philosophie seien die Gegenstände genau das, was sie zu sein scheinen. Der Apfel ist wirklich rot, die Rose duftet betörend usw. Und tatsächlich hatte Berkeley ja nicht unrecht: Daß die Welt in Wahrheit bloß eine ausgedehnte Masse sei, steht in direktem Gegensatz zu all unseren Erfahrungen. Dennoch gelang es Berkeley weder, seine Zeitgenossen noch die Nachwelt von der Richtigkeit seiner Schlußfolgerung zu überzeugen. Seine

Absicht, den Skeptikern und materialistischen Freidenkern einen entscheidenden Schlag zu versetzen, ließ ihn eine Philosophie entwickeln, die gut ein halbes Jahrhundert später David Hume, der Berkeley als Denker wohl zu schätzen wußte, für «die beste Anleitung zum Skeptizismus» hielt, die sich überhaupt finden lasse. Denn allen Beteuerungen des Gegenteils zum Trotz seien Berkeleys Begründungen «in Wirklichkeit rein skeptischer Natur», da «sie keine Antwort gestatten und keine Überzeugung hervorrufen. Ihre einzige Wirkung ist die Erzeugung jenes verblüfften Staunens, jener Unentschlossenheit und Verwirrung, die das Ergebnis des Skeptizismus ist.»

Die eigentlich interessante Frage ist aber, *warum* es Berkeley nicht gelungen ist, mit seinen Begründungen zu überzeugen. Es könnte wohl daran liegen, daß seine Argumente schlecht sind, aber sind sie es wirklich? Vielleicht liegt der Grund auch einfach darin, daß wir vermöge unserer Natur gar nicht anders können, als bestimmte Dinge, wie die Existenz einer Außenwelt, für wahr zu halten, selbst dann, wenn wir nicht den geringsten Beweis dafür haben und die Logik des Denkens sogar dagegen spricht.

II

Beweis einer Außenwelt

«Der Idealism mag in Ansehung der wesentlichen Zwecke der Metaphysik für noch so unschuldig gehalten werden», bemerkte Kant einmal, «so bleibt es immer ein Skandal der Philosophie und allgemeinen Menschenvernunft, das Dasein der Dinge außer uns (...) bloß auf Glauben annehmen zu müssen, und, wenn es jemand einfällt, es zu bezweifeln, ihm keinen genugtuenden Beweis entgegenstellen zu können.»

Diesen Skandal zu beenden war eines der Hauptanliegen des Cambridger Philosophen G. E. (George Edward) Moore (1873–1958). Ein halbes Jahrhundert lang bemühte er sich in immer neuen Anläufen darum, seine Leser und Hörer davon zu überzeugen, daß die Existenz einer Außenwelt keineswegs nur auf gut Glauben angenommen werden müsse, sondern sich sehr wohl im strengen Sinne *beweisen* lasse, und zwar ganz anders und viel einfacher, als Kant meinte. Denn Kant hatte, wie viele andere vor und nach ihm, akzeptiert, daß man nur das wirklich *wissen* könne, was sich auch beweisen lasse, während Moore darauf beharrte, daß man im Gegenteil durchaus vieles wisse, was sich nicht beweisen lasse und daß sich der Beweis einer Außenwelt auf dieses Wissen stützen müsse und dürfe.

Er selbst wisse zum Beispiel neben vielen anderen Dingen mit absoluter Sicherheit, daß er einen Körper habe, daß dieser irgendwann in der Vergangenheit auf dieser Erde geboren worden sei und dort seither durchgehend existiert habe, ferner, daß es, in verschiedenen Abständen zu seinem eigenen Körper, noch andere ausgedehnte Dinge gebe und in der Vergangenheit gegeben habe, darunter auch andere belebte, menschliche Körper, von denen einige bereits vor seiner eigenen Geburt wieder gestorben seien. Dieses Wissen, von dem Moore annimmt, daß wir es mit ihm teilen, impliziere aber unter anderem die von der eigenen Wahrnehmung und dem eigenen Bewußtsein unabhängige Existenz materieller Gegenstände. Denn die logische Unabhängigkeit sowohl von unserem als auch von jedem anderen Bewußtsein ist ja ein Teil dessen, was wir *meinen*, wenn wir sagen, daß dieser oder jener Gegenstand, ein anderer menschlicher Körper etwa, existiert. Wenn es also sicher ist, daß es wenigstens einen solchen Gegenstand gibt, dann ist es auch gewiß, daß es wenigstens einen materiellen Gegenstand und somit auch eine Außenwelt gibt.

Auf diese Weise lassen sich, meint Moore, eine Vielzahl von Beweisen für die Existenz von Dingen außer uns durchführen. Beispielsweise könne jeder von uns jetzt beweisen, daß zwei menschliche Hände existieren, und zwar ganz einfach dadurch, daß wir unsere Hände hochhalten und sagen, während wir eine bestimmte Geste mit der rechten Hand machen, ‹Hier ist eine Hand›, und hinzufügen, während wir eine bestimmte Geste mit der linken machen, ‹und hier ist noch eine›. Indem wir so handeln, ist uns die Existenz dieser zwei Hände unmittelbar gewiß: Es besteht nicht der geringste Zweifel an ihrer Existenz. Wenn wir aber wissen, daß jetzt zwei Hände wirklich existieren, dann können wir auch sicher sein, daß es eine Außenwelt gibt, und also haben wir eben bewiesen, daß es sie gibt.

Dieser Beweis läßt sich übrigens genauso auch auf die Vergangenheit anwenden: Wenn wir wissen, daß wir vor kurzem unsere Hände hochgehalten haben, dann hat es vor kurzem zwei Hände gegeben und folglich mindestens zwei Dinge außer uns. Da wir es aber tatsächlich wissen, haben wir bewiesen, daß es auch vor kurzem schon eine Außenwelt gegeben hat. Nicht nur, fügt Moore hinzu, sei dieser Beweis völlig schlüssig, es sei sogar «vielleicht unmöglich, einen besseren oder strengeren Beweis von irgend etwas zu geben».

Aber ist das, was Moore und wir mit ihm gerade durchgeführt haben, wirklich ein echter *Beweis*? Moore zufolge haben wir einen Sachverhalt dann bewiesen, wenn dieser als Schlußfolgerung aus einer Prämisse folgt, die wahr ist und mit der Schlußfolgerung nicht identisch. In diesem Fall lautet die Schlußfolgerung: Es gibt gegenwärtig zwei menschliche Hände (und damit eben auch eine Außenwelt), während als Prämisse die gesamte beschriebene Handlung fungiert einschließlich der dabei bestehenden Gewißheit, daß «hier eine Hand ist und hier noch eine». Der Schluß folgt aus der Prämisse und ist nicht mit ihr identisch, da er auch dann wahr sein könne, wenn die Prämisse falsch sei, das heißt, es könnte wahr sein, daß es zwei menschliche Hände gibt, auch wenn es falsch ist, daß hier eine Hand ist und hier noch eine. Ferner sei die Prämisse absolut gewiß. Es sei absurd anzunehmen, sie sei es nicht, denn wir glauben nicht etwa, daß diese Hände wirklich existieren, sondern wir *wissen* es, so sicher, wie wir wissen, daß wir sitzen und nicht stehen und ähnliche Dinge. Daß all diese Sachverhalte gänzlich kontingent sind, also auch hätten anders sein können, ändert daran nicht das Geringste. Zwar hätten wir auch unsere Hände nicht heben können, aber wir haben sie eben gehoben, und wir wissen, daß wir es getan haben. Da wir dies aber wissen, ist nichts leichter, als die Existenz von Dingen außer uns zu beweisen.

Natürlich war sich Moore durchaus bewußt, daß die wenigsten diesen sogenannten Beweis als solchen akzeptieren würden, weil es doch sehr den Anschein hat, als mache sich Moore hier einer *petitio principii* schuldig, indem er bereits voraussetzt, was er zu beweisen vorgibt, nämlich daß wir wirklich *wissen*, was wir zu wissen glauben. Wie können wir denn, so wird der Skeptiker einwenden, sicher sein, daß unser Eindruck, all diese von Moore erwähnten Dinge zu wissen, uns nicht trügt? Wir können doch, auch wenn wir einer Sache noch so gewiß sind, die Möglichkeit nicht ausschließen, daß wir uns täuschen. Vielleicht träumen wir ja nur. Woher also wollen wir wissen, daß wir tatsächlich wissen? Nun, sagt Moore, wir wissen es eben, ohne daß dies erst noch aus etwas anderem bewiesen werden müsse. «Der einzige Beweis dafür, daß wir um äußere Tatsachen wissen, liegt in der einfachen Tatsache, daß wir darum wissen.» Anders könne es nicht bewiesen werden, und wenn dies verlangt werde, weil man das Wissen selbst nicht als Beweis gelten läßt, sei ein Beweis in der Tat nicht möglich. Wir können dann nicht beweisen, daß wir nicht träumen, aber wir brauchen es auch nicht zu beweisen, weil wir zweifelsfrei wissen, daß wir nicht träumen. Der Fehler, den der Skeptiker hier macht, besteht darin anzunehmen, daß man nur das wahrhaft wissen könne, was sich auch beweisen lasse. Aber was der Skeptiker für ein schlagendes Argument hält, ist nur dann überzeugend, wenn man seine als Prämisse eingebrachte Behauptung, daß wir möglicherweise träumen (oder uns täuschen), für gewiß hält. Darum läßt sich sein Argument ohne weiteres umkehren und gegen den Skeptiker wenden: Wenn er nämlich argumentiert, daß wir nicht sicher sein können, etwas zu wissen, weil wir die Möglichkeit zu träumen niemals ausschließen können, kann man ihm mit gleichem Recht entgegnen, daß wir sicher sein können, nicht zu träumen, weil wir eben bestimmte Dinge wie die oben erwähnten zweifelsfrei wissen. Wenn wir sie aber wissen, wissen wir auch, daß es eine Außenwelt gibt. Richtig ist zwar, daß wir keines dieser Dinge wissen könnten, wenn irgendwie Unsicherheit darüber bestünde, ob es eine Außenwelt gibt. Diese Unsicherheit besteht aber gerade nicht, eben weil wir über das genannte Wissen verfügen. Nur wenn die skeptische Behauptung, es sei möglich, daß wir uns immer täuschen können, gewisser wäre als die Behauptung, daß wir in sehr vielen Fällen wirkliches Wissen haben, gäbe es einen guten Grund, hieran zu zweifeln. Sie ist aber nicht gewisser.

Selbst die Tatsache, daß es Philosophen gegeben hat und immer noch gibt, welche in diesem Punkt ganz anderer Meinung sind, bestätigt nur, daß diese Philosophen unrecht haben, wenn sie bestreiten, daß wir mancher Dinge sicher sein könnten. Wenn beispielsweise Berkeley tatsächlich die Existenz einer Außenwelt, also von unabhängig und außerhalb eines Bewußtseins existierenden Gegenständen geleugnet hat, dann muß es einen Mann namens Berkeley gegeben haben, der diese These verfochten hat. Wenn es aber einen solchen Mann gegeben hat, dann muß seine These falsch gewesen sein, da sie beinhaltet, daß es keine menschlichen Wesen, so wie wir sie kennen, und somit auch keinen solchen Mann gegeben haben *kann*.

Doch sind wir nicht manchmal träumend davon überzeugt, wach zu sein, und glauben wir nicht manchmal, etwas zu wissen, was sich dann später als falsch herausstellt? Ja, vielleicht, räumt Moore ein, aber daraus folge nicht, daß wir *niemals* sicher sein könnten, nicht zu träumen oder uns nicht zu täuschen. Manchmal glauben wir eben nur zu wissen, und manchmal wissen wir wirklich, und zwar ohne daß wir in der Lage sein müßten, genau anzugeben, wieso und aufgrund welcher Evidenzen wir dieses Wissen erlangt haben.

Aber auch wenn dies richtig ist: Hilft es uns wirklich weiter? Denn wenn wir tatsächlich in einem Bewußtseinszustand sein können, der für uns selbst vom Zustand des Wissens auch bei der schärfsten Selbstbeobachtung ununterscheidbar ist, der aber kein Wissen ist, sondern nur ein Zu-Wissen-Glauben, so daß es also genaugenommen *ein und derselbe* Zustand ist, in dem wir uns befinden, wenn wir etwas nur zu wissen glauben und wenn wir etwas wirklich wissen, müssen wir dann nicht doch schließen, daß es für den Menschen überhaupt kein echtes Wissen gibt, sondern immer nur dieses Zu-Wissen-Glauben? Vielleicht hatte Wittgenstein ja recht, als er mit Bezug auf Moore bemerkte: «Es ist, als ob das ‹Ich weiß› keine metaphysische Betonung vertrüge».

12

Uneinholbare Schildkröten und bewegungsunfähige Pfeile

Zeit und Raum sind allgegenwärtig, und doch geben sie uns Rätsel auf. Ist beispielsweise der Raum unendlich teilbar? Offenbar schon, können wir doch jede Strecke, sei sie auch noch so klein, in Gedanken halbieren und die halbierte Strecke erneut halbieren, und so fort bis ins Unendliche. Dies gilt ganz unabhängig davon, ob *Körper* unendlich teilbar sind oder nicht, denn auch wenn sie es nicht sind, ändert das doch nichts an der prinzipiellen Teilbarkeit des Raumes, den sie einnehmen. Wenn aber der Raum unendlich teilbar ist, wie ist es dann überhaupt möglich, von einem Ort zum anderen zu gelangen? Denn wir müßten doch, um von einem Punkt A zu einem anderen Punkt B zu kommen, unendlich viele Strecken durchlaufen, so daß wir in endlicher Zeit niemals ankommen könnten.

Zum ersten Mal formuliert hat dieses Paradox vor zweieinhalb Jahrtausenden Zenon von Elea (ca. 490–445 v. Chr.). Veranschaulicht hat er es mit einem berühmt gewordenen Gedankenexperiment: Achilles, der schnellste Läufer der Antike, tritt an zu einem Wettlauf mit einer Schildkröte. Wenn nun die Schildkröte, um ihre Chancen zu verbessern, auch nur einen kleinen Vorsprung erhält, wird es Achilles niemals gelingen, sie einzuholen. Denn angenommen, der Vorsprung beträgt zehn Meter und Achilles läuft zehnmal so schnell wie die Schildkröte, dann wird, wenn Achilles die ersten zehn Meter gelaufen ist, die Schildkröte bereits einen Meter weiter sein. Sobald Achilles aber diesen weiteren Meter hinter sich gebracht hat, wird die Schildkröte erneut zehn Zentimeter zurückgelegt haben. Läuft Achilles nun auch noch diese zehn Zentimeter, ist die Schildkröte schon wieder ein Stück weiter, nämlich einen Zentimeter. Und so immer fort:

Jedesmal wenn Achilles dort angelangt ist, wo die Schildkröte eben noch war, ist die Schildkröte bereits ein kleines Stück voran gekrochen. Der Abstand, der Achilles von der Schildkröte trennt, wird dabei zwar immer geringer, aber erreichen, schließt Zenon, wird er sie niemals können.

Es kommt jedoch noch schlimmer. Genau besehen ist es nämlich sogar unmöglich, daß Achilles sich überhaupt bewegt. Nicht nur kann er die Schildkröte nicht einholen, er kann sich ihr noch nicht einmal nähern, weil er erst gar nicht vom Startblock wegkommt. Der Grund dafür ist folgender: Wenn wir uns fragen, woraus die Zeit zusammengesetzt ist, dann werden wir erkennen, daß die Zeit offenbar aus Zeit*punkten* besteht, das heißt aus Augenblicken, die selbst nicht in der Zeit sind, also keine zeitliche Ausdehnung haben. Die Gegenwart, das Jetzt, ist dann nichts anderes als der zeitlose Schnittpunkt zwischen Vergangenheit und Zukunft. Wäre das Jetzt nämlich *nicht* zeitlos, müßte sich darin ein Vorher und Nachher unterscheiden lassen. Zugleich müßte aber dieses Vorher *zeitgleich* mit dem Nachher sein. Dies ist jedoch in sich widersprüchlich. Denn wenn wir zum Beispiel sagen wollten, daß das Jetzt genau eine Sekunde betrage, dann scheinen wir auch zugestehen zu müssen, daß die erste Hälfte dieser Sekunde in jedem Fall *vor* der zweiten Hälfte stattfinde und somit bereits *vergangen* sei, wenn die zweite Hälfte beginne. Entsprechend gilt, daß solange wir uns noch in der ersten Hälfte dieser Sekunde befinden, die zweite Hälfte noch nicht begonnen hat, also *jetzt* noch in der Zukunft liegt. Reduzieren wir die Zeitspanne, die einen Augenblick bilden soll, auf eine zehntel oder eine hundertstel Sekunde, stehen wir vor dem gleichen Problem, das wir erst dann loswerden, wenn wir uns darauf einigen, daß der Augenblick überhaupt keine zeitliche Ausdehnung besitzt. Sobald wir aber das getan haben, stehen wir vor einem anderen Problem. Wir können nämlich jetzt nicht mehr verstehen, wie es überhaupt jemals zu einer Bewegung kommen kann.

Zenon illustriert die entstehende Schwierigkeit am Fall eines fliegenden Pfeiles. Wenn wir nämlich sagen, daß ein fliegender Pfeil sich bewege, dann setzen wir bereits voraus, daß er sich *durch die Zeit* bewegt, also mehr als einen Zeitpunkt durchläuft. Der Pfeil bewegt sich ja nur dann, wenn er sich in einem gegebenen Augenblick hier und im *nächsten* Augenblick dort befindet. Bewegung vollzieht sich also nicht nur im Raum, sondern dabei immer auch in der Zeit, so daß man nicht sagen kann, daß ein Gegenstand sich zu *einem* ganz bestimmten (selbst nicht zeitlich ausgedehnten) Zeitpunkt bewege. Folglich befindet sich auch der fliegende Pfeil in jedem einzelnen Augenblick seines Fluges in Ruhe. Wir können uns dies klar machen, indem wir uns vorstellen, daß wir mit einer Kamera eine Momentaufnahme des fliegenden Pfeiles machen. Was wir dann auf dem Bild sehen, kann als der Ort verstanden werden, den der Pfeil in dem Augenblick einnahm, als wir auf den Auslöser unserer Kamera drückten. Und der Pfeil auf dem Bild bewegt sich bekanntlich nicht: Er ruht. Wenn aber nun der Pfeil tatsächlich, wie es uns die Kamera zeigt, in jedem Augenblick seines Fluges ruht, wie kann es dann jemals zu einer Bewegung kommen? Wir müßten dann annehmen, daß eine Folge von Ruhezuständen zusammen eine Bewegung ergibt, ähnlich wie im Film Bewegungen durch die Projektion einer Reihe von Bildern in rascher Folge erzeugt wird. Aber von der Bewegung, die wir im Film sehen, würden wir gerade nicht sagen, daß sie wirklich da sei: Die Bilder verändern sich ja nicht, sondern werden nur so schnell ausgetauscht, daß es für uns so *aussieht*, als würden sie sich verändern. Die Bewegung ist nur Schein. Indem wir hier aber zwischen Sein und Schein unterscheiden, geben wir zu erkennen, daß wir uns unter Bewegung doch noch etwas anderes vorstellen als bloß die Ablösung eines Zustands durch einen anderen. Mit dem Begriff Bewegung meinen wir vielmehr, daß ein Zustand kontinuierlich in einen anderen Zustand übergeht. Bewegung ist mehr als nur ein Wechsel räumlicher und zeitlicher Positionen. Das Problem ist nur, daß wenn wir uns die Zeit aus diskreten Zeitpunkten zusammengesetzt denken, wir nicht verstehen können, wie Bewegung mehr sein *kann* als das. Ja, was das betrifft, können wir nicht einmal verstehen, wie es überhaupt *Zeit* geben kann, denn wenn die Gegenwart keinerlei zeitliche Ausdehnung besitzt, dann, so sollte man meinen, können auch noch so viele Gegenwarten aneinandergereiht keine zeitliche Dauer ergeben. Egal wie hoch die Zahl ist, mit der man Null multipliziert, es kommt doch immer Null dabei heraus. Tausendmal nichts ist immer noch nichts.

Wir haben aber bereits gesehen, daß auch die gegenteilige Annahme, nämlich daß die Gegenwart zeitlich ausgedehnt sei, uns in Widersprüche führt. Müssen wir demnach den gleichen Schluß ziehen, den Zenon angeblich aus seinen Überlegungen gezogen hat, nämlich daß Zeit und Raum gar keine wirkliche Existenz haben, daß die Dinge nur scheinbar in Raum und Zeit existieren? Oder läßt sich Zenon ein Fehlschluß nachweisen?

John Stuart Mill meinte, daß der paradoxe Schluß aus dem fiktiven Wettlauf zwischen Achilles und der Schildkröte auf einer Verwechslung von unendlicher Teilbarkeit und Unendlichkeit beruhe. Ein unendlich teilbarer Raum sei kein unendlicher Raum. Unendlich in dem Sinne, daß er sich nicht in endlicher Zeit durchschreiten lasse. Da aber für die Zeit das gleiche gelte, so daß eine unendlich teilbare Zeit eben doch keine unendliche Zeit sei, könne der Abstand ohne weiteres überwunden werden. Aber *warum* ist unendliche Teilbarkeit etwas anderes als Unendlichkeit? Warum verlieren wir uns nicht in ihren Abgründen? Henri Bergson machte geltend, daß zwar der Raum unendlich teilbar sein möge, aber *Handlungen* und Bewegungen seien es eben nicht. Die Schritte des Achilles und die Schritte der Schildkröte seien einfache, individuelle Akte, die nicht vergleichbar und nicht auf ein gemeinsames, abstrakt-räumliches Maß projizierbar seien. Aber auch damit wird das Problem weniger gelöst als vielmehr umgangen. Denn was soll es heißen, daß eine Handlung, die doch unleugbar in Raum und Zeit stattfindet, einfacher Natur sei und darum unteilbar? *Wieso* ist sie nicht teilbar?

Angefangen mit Aristoteles haben viele Philosophen versucht, Zenons Argumentation zu widerlegen, aber schon die Tatsache, daß man damit bis heute nicht aufgehört hat, deutet stark darauf hin, daß keiner der bisherigen Widerlegungsversuche wirklich hat überzeugen können. Dieser Meinung ist auch Borges: «Zenon ist unwiderlegbar, es sei denn wir bekennen uns zur Idealität des Raumes und der Zeit.»

Aber selbst wenn dies richtig wäre und uns die Logik von Raum und Zeit keine Möglichkeit böte, das Paradox aufzulösen, müßten wir dann tatsächlich unser Wirklichkeitserleben dieser Logik zum Opfer bringen und den nämlichen Schluß ziehen? Denn wir sehen ja, wie der Pfeil fliegt, wie also das, von dem uns die Logik sagt, daß es unmöglich sei, tatsächlich stattfindet. Und genauso würden wir auch erleben, wie Achilles die Schildkröte überholt. Wir können sogar ausrechnen, wo Achilles und die Schildkröte jeweils in zehn Minuten sein werden und vorhersagen, daß er sie dann längst überholt haben wird. Vielleicht muß die Logik ja scheitern, wenn sie versucht, das Kontinuierliche aus dem Diskontinuierlichen zusammenzusetzen. «Der ganze Prozeß des Lebens», heißt es bei William James, «verdankt sich einer Verletzung unserer logischen Grundsätze.»

Vielleicht aber brauchen wir auch ganz einfach eine andere Logik.

13

Die Tropfentheorie der Zeit

John Stuart Mill hat richtig gesehen, daß das Achilles-Paradox nicht nur die unendliche Teilbarkeit des Raumes, sondern auch die der Zeit voraussetzt. Denn wenn die zurückgelegten Strecken immer kleiner werden, dann verringern sich entsprechend auch die Zeiten, die nötig sind, um die Strecken zurückzulegen. So kommt Achilles nicht nur im Raum, sondern auch in der Zeit nicht recht voran. Achilles hätte die Schildkröte ja in wenigen Sekunden überholt, wenn diese wenigen Sekunden nur zu Ende gehen würden. Statt dessen sind beide wie festgefroren in einer ganz bestimmten, eng begrenzten Zeitspanne. Die Zeit verfließt nicht, sie tritt gleichsam auf der Stelle.

Aber was wäre, wenn die Zeit nicht unendlich teilbar wäre, wenn es so etwas wie Zeitquanten gäbe, die sich zeitlich nicht weiter zergliedern lassen, innerhalb derer sich aber dennoch eine Bewegung vollziehen kann, die eine Überbrückung des Raums *in einem einzigen Akt* ermöglicht, so daß auch dessen unendliche Teilbarkeit keine Rolle mehr spielt? Gäbe es solche Zeitquanten, dann ließe sich nicht nur erklären, wie Achilles die Schildkröte überholen kann, sondern auch, wie sich der Pfeil bewegen kann, da dieser ja dann in jedem Augenblick seines Fluges in Bewegung wäre. William James hat diese Interpretation angeregt durch den Hinweis, daß sich der aus Zenons Paradoxa ergebende Widerspruch am einfachsten vermeiden lasse, wenn man die Ansicht aufgebe, daß wirkliche Prozesse kontinuierlich abliefen, und statt dessen annehme, daß sie sich in *endlichen* Schritten vollzögen, «wie die aufeinanderfolgenden Tropfen, durch die eine Tonne Wasser gefüllt wird, indem ganze Tropfen entweder auf einmal oder überhaupt nicht hineinfallen.» Diesen von James formulierten, von Bergson inspirierten Gedanken einer *Tropfen-*

theorie der Zeit hat später der britische Mathematiker und Philosoph Alfred North Whitehead (1861–1947) aufgegriffen und systematisch entwickelt.

Die Theorie der «epochalen Zeit», wie Whitehead selbst sie nennt, findet ihren Platz im Rahmen eines kosmologischen Systems, dessen gedanklicher Kern der *Prozeßcharakter der Wirklichkeit* ist. Statt wie üblich das Sein als ursprünglich anzunehmen und dann zu fragen, wie Seiendes in Bewegung geraten kann, wie Veränderung möglich ist (und dadurch die idealistische Antwort zu provozieren, daß dies überhaupt nicht möglich sei), nimmt Whitehead die Veränderung, verstanden als Werden und Vergehen, für ursprünglich, um dann zu fragen, wie sich inmitten solchen kontinuierlichen Werdens und Vergehens *etwas* bilden könne, etwas, *das* wird und sich, nachdem es geworden ist, als ein bestimmtes Seiendes identifizieren läßt. Die dem Achilles-Paradox zugrundeliegende Annahme, daß die Zeit und damit jeder Akt des Werdens unendlich teilbar sei, so daß jeder solcher Akt wiederum in frühere und spätere Abschnitte eingeteilt werden könne, impliziert jedoch, daß es, für einen beliebigen Zeitabschnitt, keinen *ersten* Akt des Werdens, in dem definitiv *etwas* geworden ist, gibt. Es gibt keinen Zeitpunkt, den wir benennen könnten und von dem sich sagen ließe, daß in ihm etwas geworden sei, weil der Zenonschen Hypothese zufolge immer schon *vorher* etwas anderes geworden sein muß. Wir können demnach niemals sagen, wann denn nun *zuerst* etwas geworden ist. Um darum Werden überhaupt als Werden *von etwas* denken zu können, meint Whitehead, sind wir gezwungen anzunehmen, daß einzelne Akte des Werdens klar voneinander geschieden sind, daß sie zu einem Abschluß kommen und daß danach ein *neuer* Akt des Werdens beginnt. Das Werden würde sich aber dann nicht kontinuierlich, sondern gleichsam in Sprüngen vollziehen. Das heißt aber auch, daß das Werden selbst als etwas gedacht werden muß, das nicht in der Zeit geschieht. «Die Schlußfolgerung lautet, daß es in jedem Akt des Werdens das Werden von etwas mit zeitlicher Ausdehnung geben muß, daß aber der Akt selbst nicht in dem Sinne extensiv ist, in frühere und spätere Akte des Werdens teilbar zu sein, die der extensiven Teilbarkeit des Gewordenen entsprechen.» Das Werden vollzieht sich nicht in der Zeit, weil die Zeit erst durch das Werden, oder vielmehr: dadurch, daß das Werden zu einem Abschluss kommt, geschaffen wird. Wenn auch das Gewordene in der Zeit ist, so ist es doch der Akt des Werdens nicht. Dieser hat selbst keine zeitliche Ausdehnung, wohl aber das, was aus ihm hervorgeht. Der Eintritt in die Zeit erfolgt, wenn der Akt des Werdens abgeschlossen ist. Er ist abgeschlossen, wenn er zu einer öffentlichen Tatsache geworden ist, zu etwas, das zur Grundlage anderer Akte des Werdens dienen kann.

Um dies zu verstehen, muß man wissen, daß die Theorie der Zeit bei Whitehead nur ein, wenn auch ein zentrales Element einer äußerst komplexen Gesamtkonzeption der Wirklichkeit darstellt. Diese kann hier nur ganz grob umrissen werden. Die Wirklichkeit wird, wie gesagt, als Prozeß gedacht, der Prozeß aber kann näher bestimmt werden als das Werden und Vergehen von *wirklichen Einzelwesen* («actual entities» oder «actual occasions»). Diese wirklichen Einzelwesen sind die kleinsten Einheiten des Seins, die Grundbausteine der Wirklichkeit. Aus diesen (zeitlich und räumlich unteilbaren) Atomen setzen sich alle raum-zeitlichen Strukturen (ein Stein zum Beispiel oder auch ein Mensch) zusammen. Die Whiteheadschen Atome ähneln allerdings weniger den materiellen Teilchen Demokrits als den Leibnizschen Monaden (siehe dazu Kap. 16), nur sind sie nicht fensterlos. Es sind Erfahrungseinheiten, die durch die Erfahrung selbst geschaffen werden, das heißt durch die selektive Aufnahme und Verarbeitung des Gegebenen. Whitehead spricht von einem Prozeß des «Zusammenwachsens» (concrescence), wobei das, was zusammenwächst, wiederum keine materiellen Teilchen sind, sondern vielmehr die unmittelbar vergangenen Ereignisse, welche zusammen die Grundlage bilden, auf der sich die gegenwärtigen Ereignisse konstituieren. Die Gegenwart entwirft sich stets neu aus dem, was die Vergangenheit ihr bereitstellt und wird so ihrerseits zur Grundlage für zukünftige Ereignisse. Und indem sie sich entwirft, *macht* sie die Vergangenheit allererst zur Vergangenheit. Durch den Prozeß des Werdens und Vergehens entsteht so die Zeit. «Es gibt zwar ein Werden der Kontinuität, aber keine Kontinuität des Werdens. Die wirklichen Ereignisse sind die werdenden Geschöpfe, und sie begründen eine kontinuierlich ausgedehnte Welt. Anders gesagt, Ausgedehntheit wird, aber ‹Werden› ist selbst nicht ausgedehnt. Daher liegt die elementare metaphysische Wahrheit im Atomismus.»

Damit ist jedoch nicht gemeint, daß diese Mikroprozesse des Werdens, aus denen sich das raum-zeitliche Universum aufbaut, in sich selbst gänzlich unzeitlich wären. Die Integration der Vielheit von zur Verfügung stehenden Erfahrungsdaten zu einer Einheit ist ein dynamischer Vorgang mit aufeinanderfolgenden Phasen. Daß der Prozeß des Zusammenwachsens eines wirklichen Einzelwesens dennoch nicht *in der Zeit* ist, liegt daran, daß die Elemente, die sich hier sukzessiv zusammenfügen, so lange funktional unbestimmt bleiben, bis der Prozeß abgeschlossen ist. Bis dahin sind sie nicht eigentlich wirklich, sondern nur als Potentialitäten vorhanden und das heißt nichts, das sich zeitlich von anderem abheben könnte. Zeitlichkeit ist eine kausale Verknüpfung zwischen *Wirklichkeiten*, zwischen Seiendem. Solange der Integrationsprozeß andauert, ist aber nichts von dem, was sich in ihm zusammenfügt, bereits zu einem Seiendem geworden. Seine Elemente sind gewissermaßen noch nicht in der Welt, sind noch nicht *etwas* geworden, das für anderes Seiendes existent wäre und damit Anlaß für weitere Akte des Werdens zu geben vermag. Erst wenn der Prozeß zu seinem Ende gekommen ist und damit eine neue Wirklichkeit entstanden ist, wird der Abstand real, der ein Ereignis von einem anderen trennt und den wir als Zeit erleben, das heißt als das Vergehen eines Augenblicks und den Beginn eines neuen.

So paradox diese Vorstellung eines nicht in der Zeit stattfindenden, zeitgenerierenden Werdens auch anmuten mag, so sehr entspricht sie doch der Art und Weise, wie wir bestimmte Prozesse sinnlich wahrnehmen, nämlich als gegenwärtig. Wenn wir etwa eine rasche Bewegung mit der Hand vollziehen, dann nehmen wir diese Bewegung, wenn sie nicht unterbrochen wird, in einem Stück wahr. Wir sehen nicht die Hand eine bestimmte räumliche Position einnehmen und erinnern uns gleichzeitig daran, daß dieselbe Hand Sekundenbruchteile zuvor noch an einem anderen Ort war. Statt dessen nehmen wir die Bewegung als ganze *jetzt* wahr. Erst wenn die Handlung ausgeführt ist, können wir uns auf sie als etwas beziehen, das in der Zeit stattgefunden *hat*, und können sagen, daß die Hand *zuerst* hier und *dann* dort gewesen sein muß. Während wir aber die Handlung ausführen, gibt es kein Früher oder Später. Früher ist diese Handlung erst als ganze im Vergleich zu einer anderen Handlung, die sich an sie anschließt und dann im Verhältnis zu ihr später ist, so wie sie selbst später ist im Verhältnis zu der Handlung oder dem Ereignis, das der Handbewegung als ganzer vorausging. In unserer unmittelbaren Wahrnehmung zumindest verläuft die Zeit wirklich, wie James sagt, tropfenweise. Und gäbe es überhaupt Zeit, wenn es keine Wahrnehmung gäbe?

14.

Die Illusion der Sterblichkeit

Es scheint eine unumstößliche Tatsache zu sein, daß alles, was lebt, irgendwann, und meist recht bald, zugrunde geht. Auch das menschliche Leben hat notwendig einen Beginn und ein Ende, und was vor der Geburt und nach dem Tode mit uns war und sein wird, wissen wir nicht. Manche glauben an ein Leben nach dem Tod im Jenseits, manche daran, daß wir nach dem Tod im Diesseits in anderer Gestalt wiedergeboren werden, wie wir auch vor unserer Geburt schon in anderer Gestalt gelebt haben. Andere wiederum glauben, daß wir aus dem Nichts stammen und ins Nichts zurückfallen. Aber für alle ist Anfang und Ende des Lebens ein Mysterium und für die meisten von uns der Tod etwas, dem wir nur mit Unbehagen, oft mit Furcht entgegensehen und das wir versuchen zu vermeiden, so lange es eben geht. Die instinktive Überzeugung, daß der Tod ein großes Übel ist, vielleicht das größte überhaupt, ist so tiefverwurzelt, daß wir, wie nicht nur die Existenz und gesellschaftliche Akzeptanz der modernen Intensivmedizin belegt, beinahe alles tun und in Kauf nehmen, um ihn, sei es auch nur um ein weniges, hinauszuzögern.

Nun hatte schon Epikur (341–271/70 v. Chr.) hervorgehoben, daß es für diese Überzeugung und die darauf sich stützende Todesfurcht von der Sache her keinen Grund gibt. Zwar wird unser Tod irgendwann unfehlbar eintreten, aber er ist dann nicht mehr Teil unseres Lebens. Wenn wir uns vor dem Tod fürchten, dann stellen wir ihn uns als einen zukünftigen Zustand unserer selbst vor, in dem wir irgendwie nicht mehr existieren, das heißt, wir stellen ihn uns so vor, als könnten wir dabei unser eigenes Nichtsein erleben. Tot zu sein heißt aber gerade, nichts mehr zu empfinden und wahrzunehmen und folglich auch nichts mehr als Mangel oder Unglück zu erfahren. «Wenn wir sind, ist der Tod nicht da, wenn aber der Tod da ist, sind wir nicht da.» Gefürchtet werden kann vernünftigerweise doch nur etwas, von dem man annimmt, daß man es dann, wenn es da ist, als Übel *erlebt*, also als etwas, worunter man leidet. Dazu muß man aber selbst da sein. Wer tot ist, ist aber gerade nicht da und kann somit auch an nichts mehr leiden, auch nicht an seinem Tod. Recht bedacht kann der Tod darum genausowenig ein Übel für uns sein wie der Zustand der Nichtexistenz oder Empfindungslosigkeit vor der Geburt, der uns darum auch im Rückblick gar nicht als Übel erscheint. Es gibt daher auch keinen vernünftigen Grund, den Tod zu fürchten.

Zu demselben Schluß kam mehr als zweitausend Jahre später auch Arthur Schopenhauer (1788–1860), obwohl er von ganz anderen Voraussetzungen ausging. Während Epikur nämlich als guter Materialist angenommen hatte, daß der Tod mit der völligen Zerstörung der psychischen Substanz und damit allen Empfindungsvermögens einhergehe und gerade darum nicht zu fürchten sei, meinte Schopenhauer, daß der Tod uns vor allem deshalb nichts angehe, weil es ihn in Wahrheit gar nicht gebe. Denn Kant hatte ja klar und deutlich bewiesen, daß Raum und Zeit bloße Anschauungsformen des menschlichen Verstandes sind. Das heißt, wir nehmen die Welt nicht deshalb als räumlich und zeitlich ausgedehnt wahr, weil sie an sich selbst so wäre, sondern weil wir selbst so gemacht sind, daß wir sie gar nicht anders wahrnehmen können. Das *Ding an sich*, das nach Kant hinter der Erscheinung liegt und von Schopenhauer mit dem Willen identifiziert wird, muß, auch wenn wir sonst nichts darüber sagen können, was und wie es ist, als außerräumlich und außerzeitlich gedacht werden. Zukunft und Vergangenheit gibt es daher nur in der Erscheinungswelt, also für unser erkennendes Bewußtsein, nicht an sich. Die Welt stellt sich uns so dar, als gäbe es vergangene und zukünftige Ereignisse und als könnten wir das, was wir jetzt sind, einmal nicht mehr sein. Tatsächlich aber ist die Gegenwart unverlierbar, sie begleitet uns stetig wie unser Schatten. «In der Vergangenheit hat kein Mensch gelebt, und in der Zukunft wird nie einer leben; sondern die Gegenwart allein ist die Form alles

Lebens, ist aber auch sein sicherer Besitz, der ihm nie entrissen werden kann. Die Gegenwart ist immer da, samt ihrem Inhalt: Beide stehen fest, ohne zu wanken; wie der Regenbogen auf dem Wasserfall. Denn dem Willen ist das Leben, dem Leben die Gegenwart sicher und gewiß.»

Daher ist es gar nicht so, wie es uns vorkommt: daß einmal etwas existiert habe, was jetzt nicht mehr existiert, oder einmal etwas sein wird, was nicht immer schon dagewesen wäre. Was einmal ist, ist immer, hat weder begonnen zu sein, noch wird es jemals aufhören zu sein. Vergangenheit und Zukunft werden von uns wie im Traum erlebt, und beides ist in der Tat gleichermaßen unwirklich. Der Traum selbst aber und der, der ihn träumt, hören nicht auf zu sein. Auch unsere eigene individuelle Existenz als eine von allen anderen geschiedene ist nur ein Teil dieses ewig währenden Traumes, und wenn wir sterben, sterben in Wahrheit nicht wir, sondern nur dieser Teil des Traumes. Wir selbst aber fahren fort zu träumen in jedem lebenden Menschen, ja auch in jedem lebenden Tier, tatsächlich in allem, was Bewußtsein hat. «Der Tod ist ein Schlaf, in welchem die Individualität vergessen wird: alles Andere erwacht wieder, oder vielmehr ist es wach geblieben.» Das, was in uns lebt, das, was uns im Innersten ausmacht, ist derselbe ungeteilte Wille, der auch in allen anderen lebendigen Wesen deutlich zur Erscheinung kommt. Die Kraft, die in einer Pflanze tätig ist, ist offensichtlich dieselbe wie die, die in allen Pflanzen dieser Art tätig war, ist und sein wird. Zerstört werden kann immer nur eine bestimmte Erscheinungsform, nicht die Sache selbst, nicht die Pflanze, nicht das Tier und nicht der Mensch, sondern immer nur sein Abbild in unserer an die Zeit gebundenen Erkenntnisweise. «Man frage sich ehrlich, ob die Schwalbe des heurigen Frühlings eine ganz und gar andere, als die des ersten sei, und ob wirklich zwischen beiden das Wunder der Schöpfung aus Nichts sich Millionen Mal erneuert habe, um eben so oft absoluter Vernichtung in die Hände zu arbeiten. – Ich weiß wohl, daß, wenn ich Einen ernsthaft versicherte, die Katze, welche eben jetzt auf dem Hofe spielt, sei noch dieselbe, welche dort vor dreihundert Jahren die nämlichen Sprünge und Schliche gemacht hat, er mich für toll halten würde: aber ich weiß auch, daß es sehr viel toller ist, zu glauben, die heutige Katze sei durch und durch und von Grund aus eine ganz andere, als jene vor dreihundert Jahren.» An sich und seinem wahren Wesen nach ist darum das im Herbst sterbende Insekt mit dem im darauffolgenden Frühling ausschlüpfenden ebenso identisch wie ein Mensch, der sich schlafen legt, identisch ist mit dem, der am nächsten Morgen wieder erwacht. Ebenso ist ein Mensch, der heute stirbt, identisch mit jenem, der morgen geboren wird. Zwischen Schlaf und Tod besteht kein wesentlicher Unterschied. Die anderen Menschen, in Gegenwart, Vergangenheit und Zukunft, sind in Wahrheit nur Erscheinungsformen unserer selbst.

Daß wir diese grundlegende Identität nicht unmittelbar erkennen, liegt eben an jenen Formen und Schranken unseres Intellekts, die wir Zeit und Raum nennen. Da diese Identität aber gleichwohl besteht, sterben wir nicht wirklich, werden strenggenommen auch nicht wiedergeboren, sondern wir wechseln nur die Existenzweise oder die Erscheinungsform, unter der wir unserer selbst in der Zeit gewahr werden. Nur das Spiegelbild wird zerschlagen, nicht das, was sich in ihm spiegelt. «Wann nun ein Individuum Todesangst empfindet; so hat man eigentlich das seltsame, ja, zu belächelnde Schauspiel, dass der Herr der Welten, welcher Alles mit seinem Wesen erfüllt, und durch welchen allein Alles was ist, sein Daseyn hat, verzagt und unterzugehen befürchtet, zu versinken in den Abgrund des ewigen Nichts; – während, in Wahrheit, Alles von ihm voll ist und es keinen Ort giebt, wo er nicht wäre, kein Wesen, in welchem er nicht lebte; da das Daseyn nicht ihn trägt, sondern er das Daseyn.»

Wie sonst, fragt Schopenhauer, ließe sich auch der ganz und gar unwahrscheinliche Umstand erklären, daß wir gerade heute lebendig sind? Denn wenn tatsächlich eine unendliche Zeit bereits vergangen wäre und eine unendliche Zeit noch ausstünde, wäre es doch ausgesprochen verwunderlich, daß ausgerechnet wir selbst das unerhörte Glück haben, *jetzt* zu leben. So viele Menschen sind doch bereits gestorben und so viele noch nicht geboren, wir aber sind weder das eine noch das andere. Wenn wir daher überhaupt sterben könnten, müssten wir schon längst tot sein, und wenn wir jemals nicht sein könnten, müssten wir schon jetzt nicht sein. Alles, was existiert, existiert notwendig. Den Tod zu fürchten, weil er uns die Gegenwart entreißt, ist letztlich nicht weiser, als zu fürchten, man könne von der runden Erdkugel, auf welcher man glücklicherweise gerade oben stehe, hinuntergleiten. In Wahrheit stehen wir eben immer oben, so wie wir immer gegenwärtig sind, weil die Gegenwart uns sowenig verläßt wie der Erdboden aufhört uns zu tragen, wenn wir die Erdkugel umrunden. Wir müssen den Tod darum so wenig fürchten wie die Sonne die Nacht. «Die Erde wälzt sich vom Tage in die Nacht; das Individuum stirbt: aber die Sonne selbst brennt ohne Unterlaß ewigen Mittag. Dem Willen zum Leben ist das Leben gewiß: die Form des Lebens ist Gegenwart ohne Ende; gleichviel wie die Individuen, Erscheinungen der Idee, in der Zeit entstehen und vergehen, flüchtigen Träumen zu vergleichen.»

Darum glaubt auch niemand wirklich an seinen eigenen Tod. Der Glaube daran bleibt immer theoretisch, die Gewißheit der Sterblichkeit eine abgeleitete, denn wir vermögen uns die Welt gar nicht ohne uns vorzustellen. Wir glauben, daß nach unserem Tod die Welt fortbestehen wird, nur wir selbst daraus verschwunden sein werden, aber wenn wir einmal wirklich versuchen, uns selbst wegzudenken und die Welt dabei bestehen zu lassen, merken wir bald, daß uns dies nicht möglich ist. Der eigene Tod erscheint uns darum als «die fabelhafteste Sache von der Welt.» Nur der Irrtum, in dem wir befangen sind, lässt uns den Tod als etwas, das uns gänzlich vernichtet, fürchten. Der Verlust einer bloßen Erscheinung ist aber nur ein scheinbarer Verlust, und das, was wir erhalten oder vielmehr bewahren, ist ein vollkommener Ersatz für das Verlorene. Würden wir nur die Illusion der Sterblichkeit durchschauen und wirklich unsere Einheit mit allem anderen Lebendigen einsehen, dann verlöre der Tod sogleich all seinen Schrecken.

15

Das wahre Wesen des Wachses

Irgendwann während der ersten Hälfte des 17. Jahrhunderts faßte René Descartes den grandiosen Plan, die Wissenschaften erstmals in der Geschichte auf ein sicheres Fundament zu stellen und damit den fruchtlosen Disputationen der Schulphilosophen ein Ende zu bereiten. Wahres, unbestreitbares Wissen sollte endlich die bloß angelernten, mehr oder minder gut begründeten Meinungen ersetzen. Um dies zu erreichen, griff Descartes zu einem einfachen, aber genialen Mittel: Er beschloß anzunehmen, daß alles falsch sei, was gemeinhin für wahr gehalten wurde, aber nicht zweifelsfrei als wahr erkannt werden konnte. Wenn es etwas gäbe, das einer solchen Prüfung standhielte, eine Tatsache, an der sich unmöglich zweifeln lasse, dann wäre der archimedische Punkt gefunden, von dem aus sich das gesamte Gebäude der Wissenschaft neu errichten lasse.

Was nun Descartes selbst nach Anwendung seiner Methode feststellte, war, wie wir oben (Kap. 1) bereits gesehen haben, daß sich zunächst einmal an allem zweifeln lasse, außer an einem: der eigenen bewußten Existenz. Daß ich existiere und daß ich *denkend* existiere, daran kann ich, wenn ich darüber nachdenke, unmöglich zweifeln. So weiß ich also wenigstens dies: daß ich bin und daß ich ein Wesen bin, das zweifelt, räsoniert und Vorstellungen und Empfindungen diverser Art hat. Alles andere ist zunächst einmal ungewiß, so zum Beispiel auch, ob es wirklich eine Welt körperlicher Gegenstände gibt. Es ist nicht undenkbar – ich kann es nicht mit letzter Sicherheit ausschließen –, daß ich Vorstellungen solcher Gegenstände habe, ohne daß diese, außer eben als Inhalt meiner Vorstellung, existieren. Möglicherweise ist ja alles nur ein Traum.

Nehmen wir aber nun an, wir träumten nicht, ohne uns hier

weiter mit der Frage aufzuhalten, wie wir dessen sicher sein können. Statt dessen wollen wir uns der Frage zuwenden, was wir denn über das *Wesen* der körperlichen Dinge wissen können, wenn wir einmal von ihrer Existenz überzeugt sind. Denn es scheint doch zunächst, als würden wir mittels unserer Sinne weit deutlicher die Beschaffenheit solcher Gegenstände erkennen als durch Selbstreflexion unsere eigene. Descartes versucht jedoch durch die genaue Betrachtung eines alltäglichen, vertrauten Gegenstandes zu zeigen, daß dieser unmittelbare Eindruck täuscht und das wahre Wesen körperlicher Dinge allein durch den Verstand, keinesfalls aber durch die Sinne, erkannt wird. Die Demonstration wird an einem Stück Wachs durchgeführt, das er in seinem Studierzimmer vorfindet.

Alles, was dieses Stück Wachs ausmacht, erklärt Descartes seinen Lesern, scheint sich dem Betrachter offen darzubieten, sein besonderer Blütengeruch und honigartiger Geschmack, seine Größe, Gestalt und Farbe. Wenn man es anfaßt, ist es kalt und hart, und wenn man mit dem Knöchel dagegen klopft, so gibt es einen charakteristischen Ton von sich. Doch plötzlich geschieht etwas, das den deutlichen Eindruck zunichte macht: «Während ich noch so rede, nähert man es dem Feuer, – was an Geschmack da war, geht verloren, der Geruch entschwindet, die Farbe ändert sich, es wird unförmig, wird größer, wird flüssig, wird warm, kaum mehr läßt es sich anfassen, und wenn man darauf klopft, so wird es keinen Ton mehr von sich geben. Bleibt es dann noch dasselbe Wachs?» Niemand, so Descartes weiter, werde meinen, es sei nicht mehr dasselbe. Da aber seine sinnlichen Qualitäten nun völlig andere seien, müsse das Wesen des Wachses, das wir angeblich deutlich erkannt hatten, in etwas anderem liegen. Aber worin? «Betrachten wir es aufmerksam, entfernen wir alles, was nicht dem Wachse zugehört, und sehen wir zu, was übrigbleibt! Nun – nichts anderes, als etwas Ausgedehntes, Biegsames und Veränderliches.» Da aber die möglichen Veränderungen und Ausdehnungen unendlich an der Zahl sind und folglich keine *bestimmte* Ausdehnung oder Gestalt die des Wachses ist, können wir uns in keiner Weise eine bildliche Vorstellung davon machen, was das Wachs seinem Wesen nach, ist. Wir können es daher nur denkend begreifen, indem wir es von seinen äußeren Formen unterscheiden und ihm «gleichsam seine Kleider auszuziehen». Seiner Umhüllungen beraubt, steht das Wachs nun also nackt vor unserem geistigen Auge, so wie es wirklich ist: ein ausgedehntes und bewegliches Ding.

Nun sind aber die Ausgedehntheit und Beweglichkeit Eigenschaften, die das Wachs mit allen anderen Körpern teilt. Zum Beispiel mit einem Stein. Wenn man, so schreibt Descartes an anderer Stelle, von einem Stein alle Empfindungsqualitäten wegnimmt, die nicht zu ihm selbst gehören, wie etwa seine Farbe, Härte oder Schwere, dann bleibt genau das übrig, was ihn zum Körper macht, nämlich Ausdehnung in Länge, Breite und Tiefe. *Jeder* Körper ist also ausgedehnt, so wie jede Ausdehnung körperlich ist. Körperlichkeit und Ausdehnung sind der Sache nach ein und dasselbe. Denn es ist unvorstellbar, daß es eine Ausdehnung gibt ohne etwas, das ausgedehnt ist. Das Nichts hat keine Ausdehnung. Darum kann es auch keinen leeren Raum geben. Ferner kann jeder Körper, da er mit der Ausdehnung identisch ist, unendlich geteilt werden. Es gibt also keine atomaren Substanzen irgendwelcher Art und entsprechend auch keine festen Identitäten. Ein bestimmter Körper kann darum nur temporär durch seine relative Bewegung zu anderen Körpern definiert werden. So können etwa die verschiedenen Teile einer menschlichen Hand nicht anders als die eines Schlüssels nach Belieben auch als verschiedene Körper betrachtet werden. Natürlich ist die Bewegung eines Körpers auch nur dann möglich, wenn alle anderen Körper sich mitbewegen. Jede Bewegung vollzieht sich dabei nach einfachen mechanischen Gesetzen, deren Verläßlichkeit durch die Existenz Gottes gesichert ist. Kurz: «In der ganzen Welt gibt es nur ein und dieselbe Materie, die allein daran erkannt wird, daß sie ausgedehnt ist. Alle in ihr klar erkannten Eigenschaften laufen also darauf hinaus, daß sie teilbar und in ihren Teilen beweglich und deshalb all der Zustände fähig ist, die aus der Bewegung ihrer Teile folgen. Denn die bloß in Gedanken geschehende Teilung ändert nichts, sondern alle Mannigfaltigkeit oder aller

Unterschied ihrer Gestalten hängt von der Bewegung ab.» Die materielle Welt ist somit vollständig geometrisiert und quantifiziert. Jede Veränderung und Bewegung ist berechenbar und kann damit im Prinzip vorausgesehen werden. Wir haben es also mit einer ausgesprochen *praktischen* Welt zu tun, einer Welt, die wie gemacht scheint für eine Bemächtigung durch den Menschen.

Doch was ist inzwischen aus unserem Stück Wachs geworden? Descartes hatte doch erklärt, daß wir das Wachs erst dann deutlich erkennen würden, wenn wir es von allem befreiten, was nicht Wachs sei, und das sollte heißen: von allen sinnlichen Qualitäten. Denn die sinnlichen Qualitäten, so lautete das vorgebrachte Argument, könnten sich ja ändern, ohne daß das Wachs aufhöre, Wachs zu sein. Niemand zweifle ja daran, daß es auch im geschmolzenen Zustand nach wie vor dasselbe sei. Nun haben wir aber angeblich nach reiflicher Überlegung klar erkannt, daß das Wachs in Wahrheit nichts anderes als ein ausgedehntes, bewegliches Ding sei. An diesem Ding gebe es zwar Eigenschaften, die den sinnlichen Erfahrungen, die wir mit ihm machen, entsprechen oder korrespondieren, aber sie sind ihnen nicht ähnlich. Die Mannigfaltigkeit sinnlicher Qualitäten verdanke sich ausschließlich den verschiedenen Bewegungen der beteiligten Körper und deren verschiedener Größe und Gestalt. Daraus folgt aber doch, daß wenn das Wachs sich vor unseren Augen unter der Einwirkung von Hitze verändert, so wie Descartes es beschrieben hat, sich auch die diesen Qualitäten zugrundeliegenden Bewegungen materieller Teilchen ändern müssen. Was berechtigt uns aber dann noch zu der Aussage, es handle sich nach wie vor um *dasselbe* Wachs? Wenn die Veränderung der sinnlichen Qualitäten des Wachses ein Argument dafür ist, daß sein Wesen, oder vielleicht sollte man hier besser sagen: seine Identität, nicht durch die Sinne erfahrbar ist, dann müßte die korrespondierende, aber nur gedanklich begreifbare Veränderung der zugrundeliegenden Bewegungen auch ein Argument dafür sein, daß auch durch das Denken die gesuchte Identität nicht zu finden ist. Und wenn wir noch dazu von jeder *bestimmten* Bewegung und jeder *bestimmten* Ausdehnung absehen müssen, wie Descartes meint, dann

83

bleibt von dem Wachs gar nichts mehr übrig als seine Körperlichkeit, die es mit allen anderen Körpern teilt. Wenn hierin also tatsächlich das Wesen des Wachses liegt, dann ist sein Wesen identisch mit dem Wesen jedes anderen Dinges. Wir müssen also schließen, daß ein Stück Wachs und ein Stein wesensgleich sind. Nicht nur die Welt und die Dinge, so wie wir sie kennen, sind uns somit durch Descartes' Vorgehen abhanden kommen, sondern darüber hinaus sogar jede reale Verschiedenheit. Das bedeutet aber wiederum, daß wir nicht erkannt haben, was das Wachs als solches, eben als *Wachs*, ausmacht. Wir können höchstens sagen, daß wir erkannt hätten, daß es das Wachs als solches gar nicht gibt. Denn eines ist wie das andere geworden. Nur rein quantitative Unterschiede, die aber keine Identität stiften können, bleiben bestehen. Daraus läßt sich entnehmen, daß wir die Dinge nicht von ihren sinnlichen Qualitäten befreien können, ohne sie ihrer Identität zu berauben, also dessen, was sie zu dem macht, was sie sind.

Indem Descartes vermeintlich alles entfernte, was nicht dem Wachs zugehört, hat er das Wachs selbst entfernt.

16.

Die prästabilierte Harmonie

Der Glaube an die Existenz einer körperlichen, von unseren Vorstellungen unabhängigen Welt ist uns so natürlich, daß die skeptischen Argumente, die von Berkeley und anderen dagegen vorgebracht worden sind, ihm nichts anhaben können. Wir zweifeln niemals ernsthaft daran, daß wir einen Körper haben. Zugleich aber *wissen* wir auch um diese körperliche Welt oder haben eine Vorstellung von ihr, und dieses Wissen oder diese Vorstellung selbst scheint uns nichts Körperliches zu sein. Mögen wir auch körperliche Wesen sein, so sind wir doch nicht *nur* Körper, sondern darüber hinaus auch noch etwas anderes, das wir Seele, Bewußtsein oder Geist nennen und das wir gewöhnlich für immateriell halten und als innere Welt der äußeren gegenüberstellen. Wir tun dies deshalb, weil sich unsere Bewußtseinsinhalte – unsere Gedanken, Vorstellungen, Empfindungen und Gefühle – nur sehr bedingt, wenn überhaupt, räumlich lokalisieren lassen und weitere Eigenschaften zu haben scheinen, die sich mit unserer Vorstellung körperlicher Dinge nicht vereinbaren lassen. So gehen wir also, meist ohne groß darüber nachzudenken, davon aus, daß wir aus zwei verschiedenen Substanzen zusammengesetzt sind, einer körperlichen und einer geistigen.

Nun wissen wir aus Erfahrung, daß Geist und Körper sich wechselseitig beeinflussen können. Wenn wir etwa einen Entschluß fassen und dann entsprechend handeln, dann haben wir den Eindruck, als würde unser Geist unmittelbar auf unseren Körper einwirken. Wir beschließen, den Arm zu heben, und der Arm hebt sich tatsächlich. Dies ist ein Vorgang, der uns so vertraut und so selbstverständlich ist, daß wir versucht sind, das Ganze für einen einzigen Akt zu halten und nicht als zwei unterschiedliche Ereignisse, deren Verbindung alles andere als zwingend ist. Erst wenn unser Körper einmal seinen Dienst verweigert und wir ihn vergebens dazu bringen wollen, sich zu bewegen – etwa dann, wenn unser Arm eingeschlafen ist –, werden wir auf die Differenz zwischen Willensakt und körperlicher Handlung aufmerksam und auf die eigentlich erstaunliche Tatsache, daß wir überhaupt jemals fähig sind, dieses nun wie eine Prothese an unserer Seite herunterhängende Ding nach Gutdünken, allein durch die Macht unseres Denkens, in Bewegung zu setzen. Und doch ist genau dies die gewöhnlichste Sache der Welt wie auch umgekehrt die Einwirkung unseres Körpers auf unser Bewußtsein. Eine Saite wird angeschlagen, eine Schallwelle breitet sich durch die Luft aus, trifft unser Ohr, dringt über den Hörnerv ins Gehirn vor und – verwandelt sich wunderbarerweise in etwas ganz anderes, nämlich eine Hörempfindung. Wie ist das möglich? Wir begreifen – oder meinen zu begreifen –, wie ein Körper einen anderen Körper bewegen kann; aber wie kann etwas Körperliches etwas Nichtkörperliches bewegen und umgekehrt? Wie kann überhaupt das eine mit dem anderen in Beziehung treten?

Descartes hatte dieses Problem, das sich ihm durch seine extreme Zwei-Substanzen-Lehre in besonderer Weise stellte, nicht lösen können. Seine Schüler und Nachfolger, am wirkmächtigsten Nicolas de Malebranche (1638–1715), versuchten es mit dem System der Gelegenheitsursachen, auch Okkasionalismus genannt. Dieser Lehre zufolge sollte Gott bei *Gelegenheit* der Bewegung unseres Körpers in unserem Bewußtsein die entsprechenden Empfindungen entstehen lassen und umgekehrt bei Gelegenheit etwa einer Willensregung im Bewußtsein die entsprechenden Körperbewegungen. Demnach schiene es uns also tatsächlich nur so, als würden wir unseren Körper in Bewegung setzen und als würde etwas, das in oder mit unserem Körper geschieht, sich auf unsere Empfindungen auswirken. In Wahrheit ist es aber jedesmal Gott, der dafür sorgt, daß das eine auf das andere folgt und mit ihm in kausaler Verbindung zu stehen scheint. (Gleiches sollte übrigens auch für die scheinbaren Kausalbeziehungen zwischen zwei Körpern gelten, da diese von Descartes als reine Ausdehnung und daher ohne die Möglichkeit der Einflußnahme gedacht wurden.)

Daß eine direkte Einwirkung von körperlichen auf geistige Prozesse und umgekehrt undenkbar sei und daher ausgeschlossen werden müsse, glaubte auch Gottfried Wilhelm Leibniz (1646–1716). Das System der Gelegenheitsursachen jedoch konnte ihn als alternative Erklärung nicht überzeugen, freilich vor allem deshalb, weil es Gott nicht genügend Ehre erwies. Denn was für ein Gott sollte das sein, der auf ewig damit beschäftigt ist, die Ereignisse aufeinander abzustimmen? Der, um die Ordnung der Dinge aufrechtzuerhalten, ständig gezwungen ist einzugreifen und permanente Wunder zu wirken? Viel besser würde es zur Vollkommenheit Gottes passen, wenn er *von Anfang an* alles so eingerichtet hätte, daß die Dinge *von selbst*, aus ihrem eigenen Wesen heraus, spontan sich so verhielten, daß sie miteinander und mit den sie begleitenden geistigen Prozessen übereinstimmten. Dann würden die Körper ganz allein ihrem (von Gott anfänglich eingegebenen) inneren Antrieb folgen, und die Seelen oder Geister dem ihren. Obwohl es faktisch keine gegenseitige Einflußnahme gäbe, wären die verschiedenen Prozesse doch so perfekt aufeinander abgestimmt, daß sie sich stets im Einklang befänden und es genauso aussähe, als wirkten sie tatsächlich aufeinander ein. Leibniz nennt das die «prästabilierte Harmonie», die zwar nicht im strengen Sinne beweisbar und daher als bloße Hypothese gelten müsse, die aber doch den konkurrierenden Erklärungen überlegen sei und insofern die größte Wahrscheinlichkeit für sich beanspruchen könne.

Die Alternativen veranschaulicht Leibniz mit Hilfe einer berühmt gewordenen Analogie. Man stelle sich zwei Uhren vor, die vollkommen miteinander übereinstimmen. Für diese Übereinstimmung kann es drei Gründe geben. Sie kann sich erstens einem *natürlichen Einfluß* verdanken, so wenn sich etwa die Pendelbewegungen zweier an demselben Holzstück aufgehängter Uhren durch die dem Holz mitgeteilten Erschütterungen allmählich aneinander angleichen. «*Die zweite Weise*, zwei (obschon schlechte) Uhren immer übereinstimmen zu lassen, bestünde darin, sie immer durch einen geschickten Arbeiter überwachen zu lassen, der sie richtet und sie in jedem Augenblick gleich einstellt. *Die dritte Weise* besteht darin, zunächst diese zwei Pendel mit so viel Kunst und Genauigkeit herzustellen, daß man in der Folge ihrer Übereinstimmung sicher sein kann.» Wie die beiden Uhren, so können auch Geist und Körper aus den genannten Gründen übereinstimmen, wobei die dritte Weise die der prästabilierten Harmonie ist. Die erste Weise des natürlichen Einflusses entspricht der gewöhnlichen Ansicht, die zweite dem System der Gelegenheitsursachen. Während gegen die gewöhnliche Ansicht jedoch spricht, daß die Möglichkeit einer Wechselwirkung von Geist und Körper darin unverständlich bleibt, ist das System der Gelegenheitsursachen zwar verständlich, aber doch auch sehr willkürlich und unelegant, ganz abgesehen davon, daß es der schöpferischen Kraft Gottes zu wenig zutraut. Die okkasionalistische Erklärung ist also sowohl ästhetisch als auch theologisch unbefriedigend. Die Annahme der prästabilierten Harmonie hingegen mag zwar auch nur eine Hypothese sein, aber sie ist zweifellos die vernünftigste Hypothese und gibt «eine wunderbare Idee von der Harmonie des Universums und der Vollkommenheit der Werke Gottes». Außerdem gestattet sie es, uns selbst als gänzlich unabhängig von allem, was um uns herum geschieht, zu begreifen. Wir sind, jeder für sich, Monaden, ohne «Fenster, durch die irgend etwas in sie hinein- oder aus ihnen heraustreten könnte». Einmal von Gott geschaffen und auf den Weg gebracht, sind wir so frei von allen äußeren Einflüssen, daß uns nichts mehr etwas anhaben kann. «Da jeder Geist, unabhängig von jedem anderen Geschöpf, wie eine sich selbst genügende Welt für sich ist, die das Unendliche einschließt und das Universum ausdrückt, ist er ebenso dauernd, ebenso existent und ebenso absolut wie das Universum der Geschöpfe selbst». Zwar ist der Ablauf unserer Vorstellungen und damit unser ganzes Leben streng determiniert, in dem Sinne, daß es von allem, was uns je zugestoßen ist und je zustoßen wird, eine Spur in uns gibt, so daß, «wer alles sieht, in ihrem gegenwärtigen Zustand alle ihre vergangenen und künftigen Zustände erblickt». Doch geschieht mit uns nichts, was nicht aus unserer eigenen Natur hervorgeht, aus dem also, was wir unserem individuellen Wesen nach je schon sind. Die Seele, schreibt Leibniz, ist ein «sehr genauer immaterieller Automat», der nur seinem eigenen Programm gehorcht und gerade darin seine Freiheit beweist. Weil es aber zu ihrer Natur, zu ihrer Bestimmung gehört, das Universum aus ihrem jeweiligen Blickwinkel heraus *darzustellen*, wird «die Folge der Abbildungen, die die Seele hervorbringt, auf natürliche Weise der Folge der Veränderungen des Universums selbst entsprechen». Zwar folgen wir nur unseren eigenen Gesetzen, wie die Körper den ihren folgen, aber Geist und Körper treffen sich doch «vermöge der prästabilierten Harmonie zwischen allen Substanzen, weil sie alle Darstellungen desselben Universums sind.» Wir sind, wie alle anderen Wesen auch in ihrer je eigenen Weise, «Konzentrationen der Welt», «lebendige Spiegel des Universums».

17

Die Gehirn-Prozeß-Theorie
des Bewußtseins

Idealisten wie Bischof Berkeley meinen, daß unsere natürliche Überzeugung, in einer materiellen und unabhängig vom Bewußtsein existierenden Welt zu leben, falsch ist. Ihrer Auffassung nach gibt es keine Welt jenseits der Vorstellungen, oder jedenfalls lasse sich einer solchen Behauptung kein klarer Sinn zuordnen. *Materialisten* hingegen halten genau das Gegenteil für richtig, nämlich daß *alles* Materie sei und es in der Welt gar nichts anderes gebe als rein materielle, physikalischen Gesetzen gehorchende Vorgänge. Auch das menschliche Bewußtsein mit all seinen Vorstellungen, Wahrnehmungen, Empfindungen und Gefühlen sei in Wahrheit ein solcher materieller Vorgang, genauer: ein im und am Gehirn stattfindender Prozeß. Damit ist nicht gemeint, daß Vorgänge im Gehirn Bewußtseinszustände *verursachen* oder irgendwie mit ihnen *korreliert* sind, sondern vielmehr, daß das eine mit dem anderen völlig *identisch* ist.

Eine solche Behauptung scheint auf den ersten Blick noch unglaublicher zu sein als diejenige Berkeleys. Denn erstens versteht man kaum, was es heißen soll, daß etwas so offensichtlich Verschiedenes wie Geistiges und Körperliches identisch sein soll, und zweitens konnte Berkeley immerhin noch für seine Position geltend machen, daß uns Körperliches immer nur als Inhalt oder Gegenstand unseres Bewußtseins gegeben ist. Während jedoch der Idealismus heute kaum noch von irgend jemandem ernsthaft vertreten wird, hat etwa seit der Mitte des 20. Jahrhunderts das Interesse an einem einheitlichen und das heißt geschlossen physikalischen Weltbild dazu geführt, daß viele Naturwissenschaftler und auch immer mehr Philosophen sich dem Materialismus zugeneigt haben.

Einer der ersten Philosophen, welche die materialistische These der Identität von Bewußtsvorgängen und Gehirnprozessen offensiv vertraten, war der Australier J.J.C. Smart, dem es dabei nicht zuletzt darum ging, «to put man in his place», also den Menschen auf den ihm gemäßen Platz zu verweisen. In seinem 1963 erschienenen Buch *Philosophy and Scientific Realism* diskutiert er einige Argumente, die gegen die Identitätsthese vorgebracht wurden, so das folgende: Auch ein Mensch, der, wie Aristoteles, nichts davon weiß, daß das Gehirn irgendwie mit dem Denken zu tun hat, kann innere Erlebnisse haben und über diese berichten. Folgt daraus aber nicht, daß das, wovon er berichtet, kein Gehirnprozeß sein kann (ohne auszuschließen, daß es durch einen solchen verursacht ist)? Nein, antwortet Smart, es folge daraus nur, daß wir nicht Gehirnprozesse *meinen*, wenn wir von unseren inneren Erlebnissen sprechen, nicht aber, daß diese (in Wahrheit) keine Gehirnprozesse *sind*. Genausogut (und genauso irrig) könnte man ja aus der Tatsache, daß Aristoteles sinnvoll von Blitzen reden konnte, ohne zu wissen, was diese ihrer physikalischen Natur nach wirklich sind (nämlich elektrische Funkentladungen zwischen verschieden geladenen Wolken oder zwischen einer Wolke und der Erde), folgern, daß solche Entladungen nicht mit Blitzen identisch sein können, oder aus der Tatsache, daß jemand Walter Scott nur als den Verfasser der Waverley-Romane kennt und nicht als Verfasser von *Ivanhoe*, daß der Verfasser der Waverley-Romane nicht mit dem Verfasser von *Ivanhoe* identisch ist. Beides ist aber der Fall. Nur weil uns eine Identität nicht bewußt ist, heißt das nicht, daß sie nicht trotzdem besteht. Das, was eine Sache ihrem Wesen nach wirklich ist, braucht uns nicht bekannt zu sein und so auch nicht Teil der Bedeutung zu sein, die wir dieser Sache verleihen. Ebenso wie aber «die wahre Natur» des Blitzes eine Bewegung elektrischer Ladungen ist, so sind nun Smart zufolge auch unsere inneren Erlebnisse ihrer wahren Natur nach Gehirnprozesse. Dagegen spreche auch nicht der oft angeführte Umstand, daß Gehirnprozesse im physikalischen Raum stattfinden, während unsere Erlebnisse dies scheinbar nicht tun. Was wir innerlich erleben, scheint zwar zunächst keine räumliche Ausdehnung zu haben – Erlebnisse sind weder groß noch klein, schnell oder langsam, gerade oder kreisförmig –, aber wenn die Identitätsthese richtig ist, dann haben sie faktisch eben doch räumliche Ausdehnung. Wenn von Gehirnprozessen tatsächlich gesagt werden kann, daß sie schnell oder langsam, gerade oder kreisförmig verlaufen, dann sind eben auch unsere Erlebnisse schnell oder langsam, gerade oder kreisförmig, gleichgültig, ob wir dies bemerken oder nicht. Richtig sei lediglich, daß uns unsere inneren Erlebnisse in der Introspektion nicht räumlich zu sein *scheinen* und wir von ihnen nicht als von räumlichen Vorgängen *reden*, aber das schließt nicht aus, daß sie es dennoch sind. So kann ja auch eine Person, die ich von weitem herankommen sehe, ohne sie zu erkennen, faktisch meine Frau sein, und wenn ich diese Situation als eine beschreibe, in der eine nicht näher benannte Person auf mich zukommt, dann schließe auch ich nicht *aus*, daß es sich um meine Frau handelt. In dieser Hinsicht ist meine Beschreibung vielmehr offen oder gegenstandsneutral (topic-neutral). Nicht anders aber verhält es sich, wenn wir etwa Auskunft über eine Grün-Empfindung geben. Wir sagen dann eigentlich nichts anderes, als daß jetzt in uns etwas Ähnliches vorgeht wie dann, wenn wir (beispielsweise) ein grünes Blatt betrachten. *Was* aber genau in uns vorgeht, ob ein räumlicher oder nichträumlicher Prozeß, darüber sagen wir gar nichts. Auch solche Aussagen sind also stets gegenstandsneutral. Nur wenn sich Erlebnisse aufzeigen ließen, die nicht in dieser Weise offen wären, die also irreduzibel psychische Eigenschaften hätten, wäre das ein Argument gegen die Identitätsthese. Da aber solche Erlebnisse bisher nicht gefunden worden sind, muß man, meint Smart, von der Identität geistiger Zustände mit Gehirnprozessen ausgehen, zumal dies die einfachste Annahme ist. Denn *empirisch* lasse sich die Identität nicht von einer bloßen Korrelation unterscheiden, und es gebe keinen Grund, zwei Entitäten – Geistiges und Körperliches – anzunehmen, wenn eine völlig ausreiche.

Ist die Identitätsthese aber korrekt, dann wäre der Mensch letztlich nur ein komplizierter physischer Mechanismus oder kurz: eine Maschine. Wenn er aber nichts als das ist, dann, so folgert Smart weiter, ist es auch im Prinzip möglich, daß ein entsprechend konstruierter Roboter Bewußtsein, also zum Beispiel Empfindungen hat. Dazu müßten nur in dessen (vielleicht elektronischem) Gehirn die richtigen Prozesse ablaufen, denen ähnlich, die in uns ablaufen, wenn wir Bewußtsein haben. Wir dürfen also mit Smart hoffen (oder fürchten?), daß es uns in nicht allzu ferner Zukunft gelingen wird, unseren Maschinen das Denken beizubringen, ganz einfach dadurch, daß wir die Struktur des menschlichen Gehirns nachbauen und sie damit ausstatten.

Die Identitätsthese ist jedoch nur plausibel, wenn die gegen sie vorgebrachten Einwände als ausgeräumt gelten können. Daß dies Smart gelungen ist, darf aber bezweifelt werden. Zwar ist richtig, daß uns faktische Identität nicht immer bekannt zu sein braucht, aber daraus folgt nicht, daß wir nicht in vielen Fällen Identität positiv ausschließen können. Wir müssen nicht wissen, daß der Abendstern der Morgenstern ist, der Verfasser von *Waverley* der Verfasser von *Ivanhoe* oder der Mensch, der durch den Garten auf uns zukommt, unser Ehepartner. Aber wir haben auch keine Schwierigkeiten zu verstehen, was es heißt, daß hier das eine mit dem anderen identisch ist. Abendstern und Morgenstern erscheinen uns ja beide als Sterne und mit ein wenig Unterstützung sehen wir sofort ein, daß es sich beide Male um denselben Stern handelt. Auch meine Frau ist natürlich ein Mensch, und obwohl nicht jeder Mensch meine Frau ist, ist doch der Sache nach nichts verwunderlich daran, daß *dieser* Mensch, den ich in der Entfernung nicht erkenne, faktisch meine Frau ist. Ebensowenig verwunderlich ist, daß ein Mensch, der ein Buch verfaßt hat, das ich kenne, auch noch ein weiteres verfaßt hat, daß ich nicht kenne. Wir *erkennen* nicht immer gleich die Identität zweier Gegenstände, aber wir haben doch keine Mühe, sie zu *verstehen*, wenn man uns den Zusammenhang erläutert. Es gibt aber auch Identitätsbehauptungen, die wir nicht mehr verstehen, zum Beispiel die Behauptung, die Person im Garten sei mit der Farbe grün identisch oder der Verfasser von Waverley mit dem Englischen Königreich. Derartige Behauptungen erscheinen uns unsinnig. Das liegt daran, daß unsere Beschreibungen *nicht*, wie

Smart sagt, gegenstandsneutral sind. Es mag sein, daß wir uns, ohne dies zu wissen, auf Walter Scott und somit auf den Verfasser von *Ivanhoe* beziehen, wenn wir über den Verfasser der Waverley-Romane sprechen, aber wir wissen sehr genau, daß wir in diesem Fall ganz sicher *nicht* über das Englische Königreich oder sonst irgendeinen Staat reden. Und genauso wissen wir, daß wir, wenn wir über eine Sinnesempfindung oder eine Vorstellung sprechen, *nicht* über einen Gehirnzustand reden.

Im übrigen wird die Identitätsthese weiter verunklart durch Smarts wiederholte Behauptung, daß die «wahre Natur» aller Dinge physikalischer Art sei, also zum Beispiel Bewußtseinszustände *ihrer wahren Natur nach* Gehirnprozesse. Wenn zwei Dinge nämlich tatsächlich miteinander *identisch* sind, dann ist es unsinnig zu sagen, daß das eine seiner wahren Natur nach das andere sei. Der Autor von Waverley ist nicht seiner wahren Natur nach der Autor von Ivanhoe und die Person im Garten nicht ihrer wahren Natur nach meine Frau. Wenn tatsächlich, wie behauptet wird, Identität herrscht, dann wäre der Materialismus nicht wahrer als der Idealismus, denn dann könnten wir mit gleichem Recht sagen, daß die im Gehirn stattfindenden Prozesse *ihrer wahren Natur nach* Bewußtseinsphänomene sind.

18.

Allbeseeltheit

Auch der deutsche Philosoph und Physiker Gustav Theodor Fechner (1801–1887) glaubte an die Identität von Geist und Materie, daran, daß «der geistige und der leibliche im Grunde ein und derselbe Vorgang sind, daß nur ihre Erscheinungsweise verschieden ist». Freilich verstand Fechner diese Identität in ganz anderer Weise als Smart und zog andere Schlüsse daraus, so daß seine Ansicht konsequenter und damit einerseits plausibler, andererseits aber auch radikaler ist als die Smarts und anderer Materialisten. Plausibler ist sie, weil Fechner die phänomenale Verschiedenartigkeit von Geistigem und Materiellem nicht leugnet und die Wahrheit des einen nicht im anderen sucht. Er meint nur, daß, ob ein Vorgang uns als körperlich oder geistig erscheint, davon abhängt, aus welcher Perspektive wir ihn betrachten: Von *außen* betrachtet, erscheint uns jeder Vorgang als etwas Körperliches, von *innen* betrachtet, hingegen als etwas Geistiges. Dabei ist allerdings die eine Perspektive nicht wahrer als die andere: Sie sind eben beide wahr. Die Radikalität von Fechners Ansicht liegt nun darin, daß er diese Doppelgesichtigkeit nicht, wie es die Materialisten tun, auf einen kleinen Teil der Wirklichkeit beschränkt sehen will, sondern auf die *ganze* Wirklichkeit auszudehnen bereit ist. Vermieden wird dadurch das Problem, das der Materialist ebenso hat wie der cartesische Dualist, nämlich warum ausgerechnet Gehirnvorgänge uns als geistige Erlebnisse erscheinen oder mit diesen verbunden sind, warum also gerade hier, mit dieser bestimmten körperlichen Konstellation, der Geist (oder, wenn man will, der Schein des Geistigen) in die Materie hineinkommt. Für Fechner muß der Geist nicht erst in die Materie hineinkommen; er ist vielmehr immer schon darin, als deren Innenseite. Es gibt darum nichts, das nicht an Geistigem teilhätte oder, wie Fechner lieber sagt, beseelt wäre, wobei Beseeltheit Empfindungsvermögen einschließt. Daß uns dies nicht so vorkommt und wir statt dessen weite Teile der Welt für unbeseelt halten, bar jeden inneren Erlebens und jeder Empfindung, liegt allein daran, daß wir nur unser eigenes Dasein aus der Innenperspektive kennen und alles andere nur von außen. Darum sind uns schon andere Menschen, an deren Innenleben wir gewöhnlich nicht zweifeln, nicht unmittelbar als beseelt erkennbar. Statt dessen sind wir darauf angewiesen, ihre Beseelung zu erschließen aus ihrer Ähnlichkeit mit uns selbst, denn was wir an ihnen unmittelbar wahrnehmen können, sind nur körperliche Prozesse. Wir sehen, was sie tun, aber nicht, ob und was sie dabei empfinden und denken, und ihnen geht es genauso mit uns. So wissen wir aber immerhin, daß zumindest manche Dinge zwei Seiten haben können, eine körperliche (im Außenblick) und eine geistige oder seelische (für die Innenwahrnehmung).

Wenn aber dies bei uns selbst so ist und, wie niemand ernsthaft bezweifelt, bei allen anderen Menschen auch, warum sollte es dann nicht bei *allen* Dingen so sein? Warum sollten zum Beispiel nicht auch Pflanzen ein Empfindungsvermögen besitzen und an der Schönheit der Welt, zu der sie selbst beitragen, teilhaben und diese genießen? Freilich ist aufgrund ihrer abweichenden körperlichen Struktur und Situation anzunehmen, daß ihr Seelenleben in mancher Hinsicht anders sein wird als das unsere, weniger komplex wohl und an den gegenwärtigen Augenblick gebunden, aber dennoch irgendwie an der Welt und an ihrem eigenen Dasein darin teilnehmend. Ein ganzes Buch (*Nanna oder Über das Seelenleben der Pflanzen*) widmet Fechner der Ausführung und Begründung dieses Gedankens. Natürlich liegt es nahe zu sagen, daß Pflanzen kein Nervensystem besitzen und darum schlechterdings nichts empfinden *können*, aber diesen Einwand läßt Fechner nicht gelten. Aus dem Umstand, daß *unser* Empfindungsvermögen und das vieler Tiere faktisch an ein Nervensystem gekoppelt ist, folgt ja noch nicht, daß Empfindung prinzipiell nur da gegeben sein kann, wo auch ein solches System vorhanden ist. Um dies begründet sagen zu können, müßten wir nämlich bereits aus anderen Quellen wissen, daß andere Wesen, die nicht über ein Nervensystem (wie das unsere) verfügen, empfindungslos sind, oder wir müßten wenigstens den inneren Zusammenhang zwischen Empfindungsvermögen und Nervensystem einsehen. Davon sind wir aber weit entfernt. Wir verstehen ja nicht einmal, was das eine überhaupt mit dem anderen zu tun hat, der materielle Prozeß mit dem inneren Erleben, geschweige denn, daß wir die *Notwendigkeit* dieser Beziehung einsähen. Alles, was wir darum sagen können, ist, daß aufgrund des Fehlens eines Nervensystems Pflanzen wahrscheinlich keine Seele von der Art der Tiere oder Menschen besitzen.

Fechner geht jedoch noch weiter. Seiner Ansicht nach gibt es keinen Grund, nicht auch die Erde, auf der Menschen, Tiere und Pflanzen gemeinsam leben, als ein beseeltes Lebewesen anzusehen. Die Erde ist dann eine Art Superorganismus, der uns selbst als seine Teile umgreift. So gehört unser eigener Leib genauso zum Körper der Erde, wie ein einzelner Körperteil zu unserem Leib gehört: «Wollen wir die Erde recht vergleichen, so müssen wir sie mit einem Verein vergleichen, der sich in gleicher Weise organisch aus sich selbst entwickelt hat wie sie und noch zusammenhängt wie sie. Ein solcher Verein ist der Verband unserer Augen, Ohren, der Gehirnfibern, der Blutgefäße und was es sonst in unserm Leibe gibt, kurz unser Leib selbst.» Ebenso ist unser geistiges Leben, sind unsere Empfindungen und Gedanken Teile des geistigen Lebens der Erde. Was wir empfinden und denken, wird von der Erde mitempfunden und -gedacht. Prinzipiell liegt hierin keine Schwierigkeit, denn auch wir integrieren ja unsere einzelnen Gedanken und Empfindungen in ein zusammenhängendes, individuelles Bewußtsein. Obwohl die eine Empfindung (etwa der Farbe Rot in einem bestimmten Augenblick) nichts von der anderen weiß (etwa der Farbe Blau im nächsten Augenblick), wissen *wir* doch um sie beide, und in ähnlicher Weise integriert das Bewußtsein der Erde die Empfindungen und Gedanken der vielen Individuen, die auf ihr leben und gewissermaßen als ihre Sinnesorgane fungieren. Zu dieser Integration und Vereinheitlichung des übergeordneten Bewußtseins tragen wir auch selbst bei, indem wir ein weltweites Kommunikationsnetz schaffen und dieses immer weiter vervollkommnen. Die Erde aber steht wiederum in Verbindung mit anderen Planeten und Himmelskörpern, die ihrerseits wieder in einer höheren Einheit integriert sind. So sind die Seelen gewissermaßen ineinander geschichtet, werden immer umfassender und reichen bis zu einem den gesamten Kosmos umfassenden, alles geistige Leben einschließenden Bewußtsein. Dieses universale Bewußtsein ist das, was wir Gott nennen, und die Welt entsprechend der Leib Gottes. Für uns freilich ist das göttliche Bewußtsein nur insoweit zugänglich, als wir selbst durch unser individuelles Bewußtsein daran teilhaben. Alles übrige erscheint uns in materieller Gestalt.

Nun weiß Fechner natürlich sehr gut, daß sich das angebliche Seelenleben von Pflanzen oder von Gestirnen wie der Erde nicht wissenschaftlich belegen läßt, sondern immer eine Glaubenssache bleiben wird. Aber es gibt eben viele Glaubenssachen, die wir dennoch für wahr halten, zum Beispiel daß andere Menschen eine Seele haben oder daß es universal gültige Naturgesetze gibt. Es steht daher, wie Fechner einräumt, jedem frei, die Erde auch weiterhin für einen Klumpen toter Materie zu halten. Allerdings ignoriert man dann einige ihrer wesentlichen Eigenschaften, solche nämlich, die sie von einem bloßen Erdklumpen unterscheiden. Auf diesem gibt es nämlich, anders als auf der Erde, kein Meer mit Ebbe und Flut, keine strömenden Flüsse und Bäche und keinen Kreislauf der Gewässer, keinen Luftkreis mit Regen, Sturm und Wetter, «wovon die Saaten ergrünen und das Meer erbraust», keinen Wechsel von Jahres- und Tageszeiten und Klimaten, «worin Freiheit und Regel so merkwürdig durcheinandergreifen».

Dieselben Eigenschaften, die Fechner hier aufzählt, haben sehr viel später den britischen Biologen James Lovelock zu seiner bekannten Gaia-Hypothese veranlaßt, wobei Lovelock die Erde zwar als belebt, aber nicht als beseelt im Fechnerschen Sinne, also als empfindungsfähig, versteht. Lebendig ist die Erde für Lovelock nur in dem Sinne, daß sie als Ganzes ein selbstregulierendes System bildet. Fechner ist hier weit radikaler, wenn er der Erde

Leben zugesteht und damit dem materialistischen Weltbild eine echte und damit für viele vollkommen inakzeptable Alternative entgegensetzt. Gegen die herrschende «Nachtansicht» der Dinge, die uns mit tatkräftiger Unterstützung von Naturwissenschaft und Philosophie glauben machen will, daß die ganze Welt unserer naiven Wahrnehmung zum Trotz öd und leer ist, farblos, tonlos, geruchlos, kurz: eingetaucht in «Nacht und Stille», setzt Fechner die «Tagesansicht», welche die sinnliche Fülle, den Reichtum unseres Welterlebens in einer allgemeinen Beseelung bewahrt sieht. Nach der Tagesansicht projizieren nämlich nicht wir die Qualitäten in die Dinge hinein. Die Sinnesorgane dienen nicht dazu, Erscheinungen herzustellen, sondern vielmehr dazu, sie aus dem allgemeinen Quell zu empfangen. Farben, Töne usw. sind also nichts Subjektives, vom Menschen der Welt Hinzugefügtes, sondern aufgrund ihres Aufgehobenseins in einem höheren, letztlich allumfassenden Bewußtsein objektiv durch die Welt ausgebreitet. Die Welt ist gleichsam von Gottes Sehen durchleuchtet und von seinem Hören durchtönt, und jedes Ding hat teil an seinem eigenen Scheinen.

Mag sein, daß dies alles nur ein philosophisches Märchen ist. Aber selbst wenn es so ist, bleibt Fechners Tagesansicht der Dinge doch unserem natürlichen, spontanen Empfinden näher und angemessener als die Nachtansicht, und es würde weder uns noch dem Leben auf diesem Planeten schaden, wenn wir sie uns zu eigen machten. Denn, wie Fechner schreibt, «geht uns nicht die Welt ringsum mehr zu Herzen und ist mehr nach unserm Herzen, wenn die Sonne ihren Glanz, der Himmel sein Blau, das Meer sein Rauschen uns treulich mit vertraut, die Buche, ehe die Axt sie fällt, um uns zu wärmen, erst aufwärts strebt, um selber Licht und Wärme zu genießen, als wenn uns alles auf der Welt nur anlügt, wie die Nachtansicht es lügt. Zur Wahrheit, die der Geist verlangt, verlangt das Herz nach Schönheit; kann es aber eine schönere Welt geben, als worin die Schönheit selber zur Wahrheit wird. Und wird sie es auch nach der Tagesansicht nur ganz in Gott für Gott, der Alles sieht und hört, so hat doch, wer in seinem Sinne sieht und hört, sein Theil daran.»

19

Gefühle als ergreifende Atmosphären

Wenn Fechner davon spricht, daß wir uns selbst von innen wahrnehmen können, andere (Menschen und Dinge) hingegen nur von
außen, so bedient er sich einer dualistischen Sprache, die uns
längst selbstverständlich geworden ist. In der Außenwelt, so nehmen wir an, existieren räumlich ausgebreitete Dinge, in der davon
säuberlich geschiedenen Innenwelt der Seele oder des Bewußtseins
hingegen Vorstellungen, Gedanken und Gefühle. Letztere glauben wir nicht draußen im Raum anzutreffen, auch nicht in unserem Körper, insofern dieser auch nur ein Ding im Raum ist, sondern in uns selbst, an einem Ort, der kein Ort ist, weil er sich
nicht räumlich lokalisieren läßt, an einem geistigen, ungreifbaren
Seelenort, an dem wir dennoch irgendwie zu sein scheinen. Von
diesem Nichtort schauen wir dann hinaus in die Welt, wie aus
einem Raum, der zwar Fenster hat, den wir aber nicht verlassen
können, Gefängnis und Refugium in einem.

Der 1928 geborene Philosoph Hermann Schmitz, der bis zu seiner Emeritierung 1993 in Kiel lehrte, sieht in dieser vermeintlich
selbstverständlichen Aufspaltung der Welt in Innen und Außen
den Grundirrtum der abendländischen Philosophie, der etwa seit
dem 5. Jahrhundert vor Christus für unser Denken prägend geworden sei. Zu dieser Zeit wurden nämlich erstmals die Sinnesempfindungen und Gefühle in einen hypothetischen Innenraum
verlagert, um so die begegnende Welt durch Reduktion auf wenige
handhabbare Eigenschaften wie Größe, Gestalt und räumliche
Lage leichter vergegenständlichen zu können. Der homerische
Mensch hatte noch in einer Welt gelebt, die voll von Göttern war,
das heißt von unkontrollierbaren atmosphärischen Mächten, die
ihn heimsuchen konnten und mit denen er dann irgendwie zu-
recht kommen mußte. Alle Gefühle wurden in dieser Weise ge-

deutet: Zorn und Scham, Furcht und Liebe überkamen ihn wie das Wetter, und niemals wären sie ihm als etwas erschienen, das aus ihm selbst entspringt und sich allein *in* ihm abspielt.

Wer aber nun im Einklang mit fast der gesamten abendländischen Tradition meint, daß der homerische Mensch in dieser Hinsicht eben einem Irrtum erlegen sei, indem er etwas gänzlich Subjektives in die objektive Welt hineinprojiziert habe, wird von Schmitz eines Besseren belehrt. Eine unbefangene, nicht voreingenommene Betrachtung des Phänomens zeige nämlich, daß Gefühle tatsächlich ergreifende, räumlich ergossene Atmosphären seien, die in der Welt prinzipiell nicht anders vorkommen als Häuser, Bäume oder Landstraßen und in keiner Weise subjektiver sind als diese. Die «Seele», in der wir unsere Gefühle gewöhnlich zu finden glauben, wurde also nicht etwa erst nach Homer *entdeckt*, sondern vielmehr in der Zeit Platons *erfunden*, als Auffangbecken für all das, was man draußen in der Welt aus praktischen Gründen nicht mehr haben wollte. Die Seele, ebenso wie das Bewußtsein, das man heute gern an ihre Stelle setzt, ist somit nichts als eine Fiktion. Daß wir dies nicht gleich erkennen, liegt einfach daran, daß wir zu sehr in der Gewohnheit befangen sind und darum den Phänomenen nicht genügend Aufmerksamkeit schenken. Täten wir es, würden wir zum Beispiel bemerken, daß auch Gefühle räumlich ausgedehnt sind, freilich nicht so, wie klar umgrenzte Körper räumlich sind: Man kann nicht sagen, daß ein Gefühl so und so groß sei oder die und die Form habe, zum Beispiel kreisförmig sei, oder daß ein Gefühl größer oder kleiner sei als ein anderes oder sich oben rechts vom Kopf befinde und ähnliches mehr. Solche ortsräumlichen Beziehungen gelten für Gefühle nicht. Dennoch können sie, wie Schmitz sagt, randlos durch die Weite ergossen sein, ähnlich wie das Wetter oder eine bestimmte klimatische Atmosphäre, etwa das drückend Heiße eines Sommertages. Und wie solche Atmosphären leiblich gespürt werden, das heißt *am* eigenen Leib, aber nicht als dessen Zustand, so werden auch Gefühle leiblich gespürt, ohne deswegen leibliche Zustände zu sein (und freilich erst recht keine seelischen). Wenn wir solchen Gefühlen begegnen, dann werden wir affektiv von ihnen betroffen, aber dieses affektive Betroffensein ist nicht selbst das Gefühl, sondern nur die Art und Weise, wie wir leiblich auf dieses Gefühl reagieren. Freude zum Beispiel erfahren wir als erhebend, Trauer als niederdrückend. Wen Freude befällt, der fühlt sich leicht, gleichsam von der Schwerkraft befreit, hochgehoben und getragen von einer Atmosphäre, in die er sich eingebettet fühlt. Ihm ist zum Springen zumute. Die Trauer hingegen lastet auf uns und erschwert uns jeden Schritt. Wenn wir in eine traurige Gesellschaft hineingeraten, so spüren wir unmittelbar die dort herrschende Schwere und haben Mühe, uns ihr zu entziehen. Der Druck der Trauer lastet dann auch auf uns, und selbst wenn wir uns ihm zu entziehen suchen, werden wir in einer solchen Gesellschaft nicht lange fröhlich sein und uns eines gewissen Unbehagens nicht lange erwehren können. Die Verlegenheit erklärt sich aber gerade aus dem Herrschaftsanspruch, den das im Raum ergossene Gefühl auf diesen erhebt – so als sei es nicht bereit, den Raum mit einem anderen Gefühl zu teilen. «Gefühle als randlos ergossene Atmosphären stellen (…) einen totalen Anspruch, den ganzen Bereich der jeweils präsenten Bühne des Geschehens mit allem, was sich darauf abspielt, in ihren Bann zu ziehen, und verwickeln dadurch den von ihnen Ergriffenen in den peinlichen Kontrast, wenn ihr Anspruch an dem unvereinbaren abprallt, den ein konträres Gefühl stellt, das sich in der betreffenden Konstellation ebenso oder stärker zur Geltung bringt.» In diesem Fall nehmen wir das Gefühl nur als randlos ergossene Atmosphäre wahr, ohne es zu unserem eigenen zu machen. Die Aneignung vollzieht sich erst dann, wenn wir uns von ihm ergreifen lassen, was nicht immer möglich ist, da uns manche Gefühle nicht mehr in dieser Weise zugänglich sind, wie etwa die kindliche Freude an der Weihnachtsbescherung, die wir als Erwachsene nicht mehr teilen können. Dennoch vermag die Freude des Kindes, indem wir sie wahrnehmen, die Gefühle, von denen wir selbst ergriffen sind, also die Atmosphäre, die uns umfängt, zu verändern und zu bereichern. Dies kann sogar dann geschehen, wenn wir uns über die Empfindungen des Kindes täuschen, es also gar nicht die Freude fühlt, die wir ihm anzusehen meinen.

Das ändert aber nach Schmitz nichts daran, daß diese Freude tatsächlich als Gefühl da ist, denn die Gefühle existieren als räumlich ergossene Atmosphären, gleichgültig, ob wir sie wahrnehmen oder von ihnen ergriffen werden oder nicht. Es ist also nicht etwa so, daß wir die Freude in das Kind hineinprojizieren würden, so wie es im anderen Fall auch nicht so ist, daß das Kind seine (innerlich gefühlte) Freude irgendwie nach außen in den Raum hinausstrahlt. Vielmehr nehmen wir in beiden Fällen real existierende Gefühle wahr, nur daß im einen Fall jemand tatsächlich von ihnen ergriffen ist (nämlich das Kind), im anderen Fall hingegen niemand. Hieraus wird deutlich, wie weit Schmitz' Konzeption der Gefühle von unserem gewöhnlichen Verständnis entfernt ist und wie ernst man seine Aussage nehmen muß, daß Gefühle prinzipiell nicht anders in der Welt vorkämen als Häuser oder Bäume: Denn nicht anders als diese sind Gefühle in ihrer Existenz kausal unabhängig davon, ob jemand sie wahrnimmt oder nicht.

Umgekehrt ist aber auch jedes Gefühl, das wir wahrnehmen oder von dem wir ergriffen werden, tatsächlich im Raum vorhanden. Da aber nicht immer alle Menschen von den gleichen Gefühlen betroffen sind, muß man annehmen, daß derselbe Raum von sehr unterschiedlichen Gefühlen erfüllt sein kann. Die Antwort auf die Frage, wer von zwei Menschen recht hat, wenn «der eine zufrieden, der andere verzweifelt ist, also jener die Weite des Gefühlsraums als erfüllt, dieser sie als leer erlebt», lautet also: Beide haben recht, denn sowohl Zufriedenheit als auch Verzweiflung sind objektiv da, nur daß der eine aufgrund seiner Persönlichkeit und seiner leiblichen Dispositionen für das Gefühl der Zufriedenheit *empfänglich* ist, der andere hingegen für das Gefühl der Verzweiflung. Der Unterschied der empfundenen Gefühle erklärt sich also nicht aus deren «Subjektivität», sondern aus der «Unzahl sich in der Weite überlagernder Atmosphären». Aus diesen filtert nämlich jeder von uns bestimmte Atmosphären heraus, die in einem gegebenen Augenblick gleichsam seiner Wellenlänge entsprechen – wie ein Radiogerät, das auf eine bestimmte Frequenz eingestellt ist. Schmitz spricht darum auch vom «Antennenmodell».

Da man sich aber nur schwer einen Ort denken kann, an dem es *unmöglich* wäre, ein bestimmtes Gefühl zu empfinden, müssen wir uns wohl mit Schmitz die Gefühle als Wesenheiten oder Mächte vorstellen, die *überall* auftauchen können, und zwar jedes einzelne von ihnen. An jedem Ort also kann sich die Verzweiflung unserer bemächtigen – was selbst schon Grund genug zur Verzweiflung wäre, wenn nicht gleiches auch für die Zufriedenheit gelten würde.

20

Die Erlebnismaschine

Worum geht es uns im Leben? Was wollen wir erreichen? Eine häufig zu hörende Antwort hierauf ist diese: Die einen wollen dies, die anderen jenes, aber *letztlich* geht es doch allen darum, ein gutes Leben zu haben. Ein gutes Leben wiederum sei nichts anderes als ein *glückliches* Leben und ein glückliches Leben eines, das möglichst viele lustvolle Erfahrungen enthält und möglichst wenige unangenehme, schmerzliche Erfahrungen. Worin wir unser Glück zu finden glauben oder auch wirklich finden, mag unterschiedlich sein, aber das Ziel bleibt doch, so scheint es, für alle das gleiche. Die Unterschiede zwischen dem, was der eine, und dem, was der andere will, würden sich demnach nur auf die Mittel erstrecken, die sie jeweils für geeignet halten, um dieses von allen gleichermaßen angestrebte Ziel zu erreichen. Entsprechend käme es auch gar nicht darauf an, *wodurch* wir unser Glück erlangen, solange wir es eben nur erlangen.

Wenn nun tatsächlich Glück, verstanden im Sinne *subjektiven Wohlbefindens oder positiver (lustvoller) Erfahrungen*, alles ist, was letztlich zählt, dann sollten wir uns konsequenterweise auch in unseren moralischen Verpflichtungen allein daran orientieren. Was uns die Moral gebietet, ist dann, das vorhandene Glück (bei allen empfindungsfähigen Lebewesen, also auch bei Tieren) zu vermehren oder wenigstens nicht zu vermindern, wobei es gleichgültig ist, auf welche Weise dies geschieht. Dies ist die Position des klassischen, benthamitischen Utilitarismus, die freilich nur dann plausibel ist, wenn wir die Voraussetzung, daß Glück alles ist, was letztlich für uns zählt, teilen. Denn wenn es uns selbst gar nicht ausschließlich und vielleicht nicht einmal vorrangig darum ginge, im angegebenen Sinne glücklich zu sein, wenn es anderes gäbe, das für uns ebenso wichtig oder gar wichtiger wäre, dann wäre schwer einzusehen, warum dieses andere moralisch, das heißt im Hinblick auf unsere Verpflichtungen gegenüber anderen, irrelevant sein sollte. Aber kann es denn noch etwas Wichtigeres für uns geben als das Glück?

Prüfen wir diese Frage anhand eines Gedankenexperiments, das der 1938 geborene amerikanische Philosoph Robert Nozick 1974 in seinem einflußreichen Buch *Anarchy, State, and Utopia* angestellt hat. Stellen wir uns vor, geniale Neuropsychologen hätten eine «Erlebnismaschine» konstruiert, die ihrem Benutzer jede Erfahrung ermöglicht, die er zu machen wünscht. Wenn wir wollten, könnten wir uns für den Rest unseres Lebens an diese Maschine anschließen lassen. Wir würden dann natürlich (wie Putnams Gehirne im Tank) nicht wissen, daß wir an eine Maschine angeschlossen sind, sondern alles wäre so, als geschehe das, was wir von nun an erleben, wirklich. Wir würden subjektiv keinen Unterschied bemerken, wären aber davor geschützt, Dinge zu erleben, die wir lieber nicht erleben möchten. Unsere Liebesbeziehungen wären allesamt glücklich, wir würden alles erreichen, was wir uns vornehmen, und hätten alles, was wir uns nur wünschen. Wir könnten also, was unsere subjektive Wahrnehmung angeht, jedes Leben führen, das wir wollten. Würden wir nun auch nur eine Sekunde zögern, diese einmalige Gelegenheit zu ergreifen, uns unser Glück auf Lebenszeit zu sichern? Würden wir sie vielleicht sogar ablehnen?

Natürlich kann man nicht mit Sicherheit sagen, was man selbst in einer solchen Situation tun würde, aber das ist nicht der entscheidende Punkt. Entscheidend ist vielmehr, ob wir jetzt, während wir uns diese Situation ausmalen, wirklich alle davon überzeugt sind, daß wir *gut* daran täten, die gebotene Möglichkeit zu ergreifen, daß es *vernünftig* wäre, es zu tun. Denn wenn das Glück wirklich alles ist, was zählt und die Erlebnismaschine uns dieses Glück tatsächlich verschaffen kann, dann gibt es keinen vernünftigen Grund, sie nicht zu benutzen. Sollte es nun aber doch so sein, daß viele Menschen die Vorstellung, ihr Leben maschinell suggeriert zu bekommen, anstatt es selbst zu leben, gar nicht attraktiv, sondern im Gegenteil ausgesprochen abschreckend finden, dann fragt sich, ob dies nur einer diffusen, irrationalen Furcht zu verdanken ist oder vielmehr ein Hinweis darauf ist, daß wir doch mehr von unserem Leben erwarten (und daß es auch mehr zu erwarten gibt) als nur lustvolle Erfahrungen. Aber was könnte es denn mehr geben? Nozick macht hierzu drei Vorschläge: Erstens wollen wir nicht nur die Erfahrung haben, bestimmte Dinge zu tun, sondern wir wollen sie auch wirklich *tun*. Zweitens wollen wir eine bestimmte Person *sein*; wir wollen tatsächlich geistreich, mutig oder liebevoll sein und uns nicht nur einbilden, es zu sein. Drittens schließlich wollen wir, daß unser Erleben in der Welt, wie sie wirklich ist, gründet, wir wollen den Kontakt zur Wirklichkeit.

Natürlich bedeutet das nicht, daß wir nicht *auch* glücklich sein wollen. Wenn man uns fragte, ob wir lieber glücklich als unglücklich wären, dann würden wir sagen, daß das Glück uns selbstverständlich lieber sei, aber damit ist nicht gesagt, daß es uns gleichgültig wäre, wodurch wir dieses Glück erlangen. Wir wollen nicht nur glücklich sein, sondern wollen auch Gründe dafür haben, und zwar reale Gründe: Wir legen Wert darauf, daß das, worüber wir glücklich sind, wirklich da ist. Darum mag es sein, daß wir ein unglückliches Leben, das wir aber dafür als ein tatsächlich von uns gelebtes ansehen können, einem Leben vorziehen, das in Wahrheit eine Maschine für uns lebt. Wir wollen nicht im Traum leben, selbst dann nicht, wenn wir gar nicht wüßten, daß es ein Traum ist.

Was aber wäre, wenn wir bereits jetzt, während wir uns diesen Überlegungen hingeben, an die Erlebnismaschine angeschlossen wären, wenn die Entscheidung schon längst getroffen und umgesetzt worden wäre? Solange wir noch vor der Wahl standen, die Maschine zu benutzen oder nicht, konnten wir wohl sehen, daß wir, einmal angeschlossen, in Wahrheit gar nicht das wären, was wir zu sein meinen, und nicht das täten, was wir zu tun glauben. Jetzt aber, nachdem wir uns, warum auch immer, doch dafür entschieden haben und wir die Maschine tatsächlich benutzen, ist der Bruch zwischen Sein und Schein für uns nicht mehr wahrnehmbar. Uns kommt es ja jetzt so vor, als täten wir wirklich, was wir zu tun glauben, als hätten wir Gründe dafür, glücklich (und mitunter auch unglücklich) zu sein, usw. In einem gewissen Sinne haben wir also jetzt genau das, was wir wollten. Und wenn nun das Programm, das wir für uns ausgewählt haben, uns eine zweite (nicht reale, sondern von der ersten Erlebnismaschine suggerierte) Erlebnismaschine anbieten würde und wir erneut darüber entscheiden müßten, ob wir sie benutzen wollen oder nicht, würden wir dann nicht die gleichen Bedenken äußern, und wären diese dann nicht doch irrational? Vielleicht verdanken sich ja unsere Einwände gegen die Erlebnismaschine einer ähnlichen Konfusion wie nach Schopenhauer unsere Angst vor dem Tod, die auf der verworrenen Vorstellung beruhe, wir würden, wenn wir gestorben sind, unserer eigenen Nichtexistenz doch irgendwie gewahr sein (so daß wir uns also zugleich als existierend und als nichtexistierend vorstellen). Ähnlich stellen wir uns vor, daß wir an die Erlebnismaschine angeschlossen wären und dabei wüßten, daß wir es sind (was wir aber den Voraussetzungen gemäß nicht tun).

Vielleicht ist aber das, was uns an der Erlebnismaschine stört, letztlich gar nicht die Tatsache, daß wir dann in einer illusorischen Welt leben würden (denn vielleicht tun wir das ja ohnehin schon), sondern vielmehr, daß dann unser Leben als dauerhafter Glückszustand vorprogrammiert wäre. Warum sollten wir sonst die Maschine benutzen? Ein *nur* glückliches Leben jedoch ist kaum als *glückliches* Leben vorstellbar: Es ist eher ein Leben des Spaßes, weil ihm die Tiefe des Erlebens, die zum wahren Glück gehört, fehlt. Zum Glück gehört auch das Unglück oder zumindest die Möglichkeit des Unglücks, weil gewisse Formen des Glücks – wie das Glück des Liebens – Empfänglichkeit und damit auch Verletzlichkeit voraussetzen. Ist Liebe wirklich ohne Schmerz denkbar, ohne Sorge, ohne das Unglück des Verlusts? Und ist nicht auch das Erleben großer Schönheit oft schmerzlich, so daß wer den Schmerz nicht empfindet, auch taub für diese Schönheit ist und damit für das Glück, das mit dieser Erfahrung verbunden ist? Wer das Glück will, muß sich öffnen und damit das Unglück wagen. Darum kann es auch nicht programmiert werden. Man kann sich vielleicht für Glück empfänglich machen, aber man kann es nicht herbeizwingen: Es kommt unverhofft, und gerade dieses Unverhoffte, sein Geschenkcharakter, macht das Glück dieses Glücks aus.

Darum würden wir auch zögern zu sagen, daß ein Mensch glücklich sei, wenn er sich zwar keines Unglücks bewußt ist, aber in einer Situation lebt, die wir als menschenunwürdig empfinden, weil bestimmte Erfahrungen darin einfach überhaupt nicht vorkommen. Natürlich können wir nicht ausschließen, daß wir hier nur deshalb zögern, von Glück zu sprechen, weil wir uns nicht vorstellen können, selbst in einer solchen Situation glücklich zu sein. Wenn jedoch die Situation nicht objektiv bewertet werden kann, so daß als einzig verläßliche Tatsache die subjektiv wahrgenommene Zufriedenheit übrigbleibt, dann ist es auch moralisch gleichgültig, ob wir eine unglücklich machende Situation verbessern oder statt dessen diejenigen, die in der Situation sind, so beeinflussen oder verändern, daß sie nicht mehr unter der Situation leiden. So können wir uns vorstellen, durch genetische Manipulationen Tiere oder Menschen zu schaffen, die als natürliche Sklaven gegen ihre Ausbeutung nichts mehr einzuwenden haben. Manche Biotechnologen träumen sogar davon, irgendwann Versuchstiere herstellen zu können, die gar keinen Schmerz mehr empfinden, in der festen Überzeugung, daß unserem Umgang mit diesen Geschöpfen dann moralisch keine Grenzen mehr gesetzt sind. Warum sind solche Vorstellungen so erschreckend, wenn nicht deshalb, weil der Verlust der Empfindungsfähigkeit, also der *Fähigkeit*, Schmerz (und Freude) zu empfinden, uns ein schlimmeres Übel zu sein scheint als der Schmerz selbst?

21

Lebensrechte nicht-existierender Personen

Können wir einem Lebewesen etwas Gutes tun dadurch, daß wir für seine Erzeugung sorgen, und ihm entsprechend auch einen Schaden zufügen dadurch, daß wir es nicht erzeugen oder seine Erzeugung verhindern? Zu dieser Ansicht gelangt der englische Philosoph Richard Marvyn Hare (1919–2002), der zu den bekanntesten und einflußreichsten Moraltheoretikern der Gegenwart gehört.

Er stützt sich dabei auf folgende Überlegungen: Das Grundprinzip der Moral ist die sogenannte Goldene Regel. Diese verpflichtet uns dazu, andere so zu behandeln, wie wir wollen, daß sie uns behandeln. Sofern wir nämlich der Meinung sind, daß es bestimmte Dinge gibt, die andere uns nicht antun sollten, müssen wir zugestehen, daß umgekehrt auch wir sie anderen nicht antun sollten. Denn zu sagen, daß jemand irgend etwas tun *sollte*, ist nur dann sinnvoll, wenn man meint, daß *jeder* es tun sollte – sofern seine Situation nicht so anders ist, daß sie eine andere Handlungsweise rechtfertigt. Da wir aber unmöglich wollen können, daß andere unsere Präferenzen, das heißt unsere Wünsche und Interessen, mißachten, sind wir aus morallogischen Gründen auch verpflichtet, die ihren zu achten und entsprechend zu handeln. Wenn wir uns daher fragen, was wir tun sollen oder wozu wir verpflichtet sind, dann müssen wir uns zunächst überlegen, was diejenigen, die von unseren Handlungen betroffen sind, wollen oder vorziehen, und dann so handeln, wie es für alle am besten ist, also so, daß möglichst viele ihrer Präferenzen möglichst weitgehend erfüllt werden. So erzielen wir den größtmöglichen Gesamtnutzen.

Nun gehört zu den Dingen, die in der Regel jeder vorzieht, die eigene Existenz. Das heißt, wir hängen an unserem Leben und wollen nicht getötet werden. Gewöhnlich ist dies die stärkste Präferenz, die wir haben, da unsere Existenz eine notwendige Voraussetzung für die Erfüllung aller anderen Präferenzen darstellt. Das allein ist der Grund, warum es unter normalen Umständen moralisch falsch ist, einen Menschen zu töten, warum wir also dazu verpflichtet sind, es nicht zu tun. Da wir aber, so folgert Hare weiter, gewöhnlich nicht nur darüber froh sind, daß niemand unser Leben beendet, sondern auch darüber, daß niemand unsere Existenz *verhindert* hat, sind wir auch dazu verpflichtet, dafür zu sorgen, daß auch die Existenz anderer nicht verhindert wird. Denn auch diesen wird es ja, wie uns selbst, lieber sein zu leben, als nie gelebt zu haben. Wenn die Existenz für uns ein Gut ist, um dessen Besitz wir froh und dankbar sind, dann ist sie auch ein Gut für all diejenigen, die zwar noch nicht existieren, aber doch existieren *könnten*. Entsprechend wäre die Nichtexistenz ein Übel für sie. Daher wäre es falsch, ihnen das Leben vorzuenthalten, und wir sind sogar verpflichtet, ihnen zum Leben zu verhelfen, sofern dies in unserer Macht steht und der Gesamtnutzen dadurch nicht beeinträchtigt wird. Hieraus ergibt sich unter anderem, daß die Abtreibung oder der Verbrauch menschlicher Embryonen moralisch nur dann zu rechtfertigen ist, wenn ein Verzicht darauf andere und im Ganzen gesehen gewichtigere Interessen verletzen würde. *Prima facie* aber ist die Tötung menschlicher Embryonen moralisch falsch, und wir sind zu ihrem Schutz verpflichtet. Wir sind aber wohlgemerkt nicht deshalb dazu verpflichtet, weil der Embryo selbst bereits Interessen hätte, die es zu berücksichtigen gälte, sondern vielmehr, weil die Person, die einmal aus ihm werden könnte, eine Art rückwirkendes Interesse am Überleben des Embryos hat. Darum gilt das von Hare vorgetragene Argument auch genauso für buchstäblich nicht-existente, aber doch, *wenn* die geeigneten Voraussetzungen geschaffen werden, *mögliche* Wesen. Das heißt konkret, daß wir nach Hare eine Pflicht zur Zeugung von Nachkommen haben, die um keinen Deut geringer ist als unsere Pflicht zum Schutz menschlicher Embryonen, ja nicht einmal geringer als unsere Pflicht zum Schutz bereits geborener

Kleinkinder, von denen Hare annimmt, daß auch sie noch kein eigenes Existenzinteresse hätten. Daraus folgt, daß Empfängnisverhütung und sexuelle Enthaltsamkeit für sich allein genommen moralisch genauso bedenklich sind wie die Tötung eines Kleinkindes.

Nun könnte man meinen, daß eine solche extreme Ausweitung des Lebensschutzes auf bloß mögliche Personen zwar unseren gewohnten Intuitionen zuwiderläuft, aber doch insofern zu begrüßen ist, als damit noch einmal das Gewicht und die zentrale Bedeutung des Lebensrechts für die Moral unterstrichen wird. Tatsächlich geschieht aber das Gegenteil, da sich die vermeintliche Ausweitung bei näherer Betrachtung als Einschränkung erweist. Diese Einschränkung ist der eigentliche Zweck der von Hare durchgeführten «logischen Erweiterung» der Goldenen Regel. Die geschilderten Überlegungen münden nämlich bald in einem Argument, das ich als *Ersetzbarkeitsargument* bezeichnen möchte. Es geht so: Zwischen Nicht-Zeugung auf der einen Seite und Embryonenverbrauch, Abtreibung und sogar Kindstötung auf der anderen Seite besteht, wie gezeigt wurde, von der Sache her kein moralisch relevanter Unterschied. Daher hat ein bereits existierendes menschliches Wesen, solange es nämlich noch kein Zukunftsbewußtsein und damit kein Interesse an seiner eigenen Existenz entwickelt hat, nicht mehr Recht auf Leben als ein noch nicht existierendes menschliches Wesen, das aber gezeugt werden könnte. Wenn nun aber die Situation so ist, daß nur eines von beiden möglich ist: entweder das Leben des bereits existierenden Kindes zu erhalten *oder* aber ein neues solches Leben zu zeugen, dann hängt, was wir in diesem Fall tun sollten, allein davon ab, welches Leben auf lange Sicht glücklicher zu werden und mehr Glück zu spenden verspricht. Denn moralisch sind wir ja dazu verpflichtet, das zu tun, was den Gesamtnutzen am meisten fördert. Nehmen wir also an, eine schwangere Frau stellt bei der Ultraschalluntersuchung fest, daß ihr Kind sehr wahrscheinlich unter Trisomie 21 leiden wird. Sie nimmt an, daß sie selbst, wie auch alle übrigen Beteiligten, mit einem behinderten Kind weniger glücklich sein wird, als sie es mit einem nicht-behinderten

Kind sein würde, und daß sie mit einem Kind glücklicher sein wird als mit zweien, von denen eines behindert ist. Sie nimmt ferner an, daß auch ein Kind ohne Behinderung glücklicher wird leben können als eines mit Behinderung. Ihr Arzt versichert ihr, daß die Chancen, bei einem neuen Versuch ein gesundes Kind zu zeugen, sehr gut sind. Wenn der Fall so liegt, dann ist die Frau, nach dem oben Gesagten, nicht nur dazu berechtigt, sondern moralisch sogar zweifelsfrei dazu *verpflichtet*, eine Abtreibung vornehmen zu lassen und später mit ihrem Partner ein neues Kind zu zeugen. Theoretisch wäre sie sogar dazu verpflichtet, ihr bereits geborenes Kind töten zu lassen, wenn erst nach der Geburt eine Behinderung festgestellt wird, die als glücksmindernd gilt. Allein die in unserer heutigen Gesellschaft starke, aber Hare zufolge rational nicht nachvollziehbare, Abneigung gegen die Kindstötung gebietet hier eine Entscheidung zugunsten des geborenen Kindes. Grundsätzlich ist aber auch hier das bereits existierende Kind ersetzbar.

Was ist nun von einer solchen Konsequenz zu halten? Es ist klar, daß sie heute von den wenigsten akzeptiert werden und darüber hinaus bei sehr vielen ein Gefühl der Empörung auslösen wird. Hare weiß das auch, aber es stört ihn nicht sonderlich, da er davon überzeugt ist, daß seine Argumente triftig sind. Doch selbst wenn dies zuträfe, oder wir jedenfalls außerstande wären, einen Fehler in der Beweisführung zu entdecken, wäre es noch nicht unbedingt unvernünftig, die Schlußfolgerung dennoch abzulehnen. Unvernünftig wäre es nur dann, wenn uns die Korrektheit der Beweisführung unzweifelhafter wäre als die Falschheit des Schlusses. Tatsächlich aber läßt sich durchaus einiges gegen Hares Argumentation vorbringen. Ich will hier nur zwei mögliche Einwände nennen. Der erste Einwand richtet sich gegen die Annahme, daß wir, außer vielleicht in einigen wenigen extremen Fällen, generell begründete Voraussagen darüber machen könnten, welches von zwei Leben das glücklichere sein wird. Die Umstände des Lebens sind so wechselhaft, das Glück so fragil und seine Bedingungen so komplex und vielfältig, daß es unmöglich scheint, auch nur etwas über die *Wahrscheinlichkeit* des Glücks eines erst am Beginn seines Lebens stehenden, geschweige denn eines nicht einmal existierenden Wesens, zu sagen. Man muß schon eine sehr enge Vorstellung vom menschlichen Glück haben, um zu glauben, allein das Vorliegen einer Behinderung sei schon in sich selbst ein Umstand, der die Chancen, glücklich zu sein, ernsthaft beeinträchtigen könnte.

Der zweite Einwand ist grundsätzlicher und richtet sich gegen die aus der Goldenen Regel abgeleitete Voraussetzung des Ersetzbarkeitsarguments, daß es nämlich ein Übel sei, nicht gezeugt zu werden, vergleichbar dem Übel, getötet zu werden. Dies folgt nach Hare aus dem Umstand, daß wir es im allgemeinen als gut empfinden zu leben. Denn dies schließe ja ein, daß wir es auch als gut ansehen, gezeugt worden zu sein, und folglich auch, daß es ein Übel für uns gewesen wäre, nicht gezeugt worden zu sein. Dieser Schluß ist aber schon deshalb nicht zwingend, weil nicht alles, was gut ist oder von uns als gut empfunden wird, *vergleichsweise* gut ist. Wenn ich es vorziehe zu leben statt zu sterben, dann ist klar, daß ich meinen Tod vergleichsweise als Übel betrachte. Meine Entscheidung läßt sich dann als Ausdruck meiner Überzeugung verstehen, daß es (für mich) *besser* ist zu leben als tot zu sein. Wenn ich aber meiner Freude darüber Ausdruck gebe, gezeugt worden zu sein, dann folgt daraus nicht, daß ich auch denke, es wäre ein Übel für mich gewesen, nicht gezeugt worden zu sein. Erst recht nicht folgt daraus, daß es auch tatsächlich ein Übel für mich *gewesen* wäre. Denn manche Dinge erleben wir als gut, ohne daß uns ihre Abwesenheit als Übel erscheint. So kann ich durchaus einen Ferientag am Meer genießen, ohne daß ich auch nur im geringsten unglücklicher gewesen wäre, wenn ich statt dessen in die Berge gefahren oder zu Hause geblieben wäre. Hier ist das, was ich erlebe, also nicht vergleichsweise gut, sondern in gewissem Sinne *absolut*. Und in diesem Fall ist immerhin noch ein Vergleich möglich: Ich kann sinnvoll zwischen dem einen und dem anderen wählen, nicht weil ich beides kenne, sondern weil ich mir eine Vorstellung davon machen kann. Zwischen Sein und Nie-Gewesen-Sein kann ich aber nicht sinnvoll wählen, denn ich habe keinerlei Vorstellung davon, wie es wäre, nie gewesen zu sein. Zwar weiß ich auch nicht, wie es ist, tot zu sein, aber ich kann den Tod in Beziehung setzen zu dem Leben, das ich habe, nämlich als dessen Ende. Sein und Nicht-mehr-Sein ist eine reale Alternative, Sein und Nie-Gewesen-Sein hingegen nicht. Es ist etwas anderes, das Leben zu verlieren, als es gar nicht erst zu bekommen, weil erst, wenn ein Lebewesen existiert, es überhaupt *jemanden* gibt, dem das Leben fehlen kann. Es gibt daher niemanden, dem wir ein Unrecht zufügen könnten, indem wir uns der Zeugung enthalten. Folglich kann das bereits bestehende Leben auch nicht gegen ein bloß mögliches Leben aufgerechnet und durch dieses verlustfrei ersetzt werden.

22

Die erste Pflicht: Daß eine Menschheit sei

Im vorigen Kapitel habe ich dargelegt, warum Hares Argumentation zum Trotz nur wirkliche Personen bzw. solche, die einmal wirkliche Personen sein werden, so etwas wie Rechte haben können. Einer bloß möglichen Person ein Recht auf Existenz zuzusprechen, wie es Hare tut, und daraus die Pflicht zur Zeugung und das Unrecht der Zeugungsvermeidung abzuleiten, ist unplausibel, weil nicht einzusehen ist, wie man einem Wesen einen Schaden zufügen können sollte, das nicht existiert und niemals existieren wird. Wenn es nun aber gar kein Unrecht ist, bloß möglichen Personen die Existenz vorzuenthalten, dann folgt daraus doch offenbar, daß es zwar moralisch falsch sein mag, unsere natürliche Umwelt derart zu zerstören, daß die Lebensqualität zukünftiger Generationen dadurch ernsthaft beeinträchtigt wird, daß es aber *nicht* moralisch falsch sein dürfte, diese Zerstörung so weit zu treiben, daß es gar keine zukünftigen Generationen mehr geben wird: Unter der Voraussetzung also, *daß* es auch in Zukunft Menschen geben wird, haben wir auch jetzt schon bestimmte Pflichten ihnen gegenüber, nämlich voraussehbaren Schaden von ihnen abzuwenden. Aber wir haben anscheinend nicht die Pflicht, für das Weiterbestehen einer Menschheit überhaupt zu sorgen oder das Aussterben der Menschheit zu verhindern. Mit anderen Worten: Handlungen, welche nur eine *partielle* Zerstörung der Lebensgrundlagen zukünftiger Menschen zur Folge hätten – so daß menschliches Leben zwar beeinträchtigt, aber nicht verunmöglicht würde –, wären moralisch zu verurteilen, während eine *vollständige* Vernichtung derselben – so daß menschliches Leben gänzlich unmöglich würde – moralisch nicht zu beanstanden wäre. Dies ist sicher eine paradoxe Konsequenz. Läßt sie sich aber anders vermeiden als dadurch, daß man, mit Hare, bloß möglichen Personen doch ein Recht auf Existenz zuspricht?

Dieses Problem beschäftigte den von den Nationalsozialisten ins amerikanische Exil getriebenen deutschen Philosophen Hans Jonas (1903–1993) in seinem 1979 erschienenen Buch *Das Prinzip Verantwortung*. Obschon, meint Jonas dort, sich ein Recht Ungezeugter auf Zeugung tatsächlich nicht begründen lasse, so hätten wir doch trotzdem eine unbedingte Pflicht, die Fortexistenz von Menschen überhaupt zu gewährleisten. Hierfür Sorge zu tragen, darin bestehe unsere kosmische Verantwortung. Denn die Menschheit sei nicht einfach nur etwas, das da ist, sondern etwas, das auch da sein *soll*, etwas, dessen Existenz *gut* ist, und zwar nicht gut für irgend etwas anderes, sondern an sich selbst und ganz unabhängig davon, ob diese Existenz eine relativ glückliche ist oder nicht. Hieraus folgt dann freilich unter anderem auch eine Pflicht zur Fortpflanzung, jedoch nicht für jeden zu jeder Zeit. Denn worauf es nach Jonas ankommt, ist ja nicht, die Summe des Glücks zu vergrößern und deshalb möglichst viele glückliche Menschen in die Welt zu bringen. Vielmehr geht es allein darum, die Fortexistenz der Menschheit nicht zu gefährden. Aber was liegt denn überhaupt daran, ob es Menschen gibt oder nicht und ob es sie auch in Zukunft noch geben wird? Ist eine Welt ohne Menschen nicht genauso gut wie eine Welt mit Menschen?

Nein, antwortet Jonas, das ist sie gerade nicht: wenn man nämlich dem Zeugnis des Seins Glauben schenken will. Denn das Sein selbst ist nicht wertfrei, wie es eine auf Machbarkeit hin orientierte Ontologie glauben machen will. Nicht erst der Mensch verfolgt Zwecke und erkennt damit Dingen einen Wert zu. Vielmehr ist bereits in der nichtmenschlichen Natur eine gewisse Zweckgerichtetheit unverkennbar. Denn allem Seienden scheint es um etwas zu gehen, mindestens um sich selbst, indem es am Sein festhält. Nicht nur aber setzt sich das Sein, indem es ist und in seinem Sein beharrt, immer schon als das absolut Bessere gegenüber dem Nichtsein, sondern es zeigt sich an ihm auch eine Tendenz zur Fortentwicklung, ein Über-sich-Hinauswollen. Die

Entstehung des Lebens wäre nicht möglich gewesen ohne eine Art Bereitschaft des Seins für das Leben. Im Leben wird die Selbstbejahung des Seins emphatisch; wir erkennen in ihm ein aktives Nein zum Nichtsein, und die Tatsache, daß Leben entstanden ist, weist dieses als einen bestimmten Zweck des Seins aus. Da aber auch das Leben selbst sich fortentwickelt und sich dabei immer deutlicher als allmähliche Befreiung des Seins zu subjektiv verfolgten und genossenen Zwecken kundgibt, muß diese Befreiung und damit das Zwecksein selbst als ein, wenn nicht *der*, Grundzweck der Natur angesehen werden. Zwecke zu haben ist also selbst ein Zweck, und je vielfältiger und reicher und klarer die Zwecke, desto zweckgemäßer und insofern besser, da sich dadurch das Sein immer stärker vom Nichtsein abhebt. «Dann wäre die Maximierung von Zweckhaftigkeit, das heißt der Reichtum erstrebter Ziele und damit möglichen Gutes oder Übels, der nächste Wert, der sich aus dem Grundwert des Seins als solchen in Steigerung seiner Differenz vom Nichtsein ergibt. Je mannigfaltiger der Zweck, umso größer die Differenz; je intensiver er ist, umso emphatischer die Bejahung und gleichzeitig deren Rechtfertigung: in ihm macht das Sein sich selber seines Aufwandes wert.» Nun ist aber der Reichtum erstrebter Ziele und die Möglichkeit freier, sehender Zwecksetzung nirgends so groß wie im Menschen, weshalb diesem eine besondere Rolle in der Evolution des Lebens zukommt: Der Mensch ist das, worauf das Sein immer schon hingearbeitet hat, und insofern tatsächlich so etwas wie die Krone der Schöpfung.

Nun könnte man meinen, daß es uns doch im Grunde egal sein könne, ob sich im Menschen so etwas wie ein höchster Zweck der Natur erfüllt. Schließlich zwingt uns doch nichts, dieses implizite Werturteil des Seins, wenn es denn tatsächlich besteht, zu übernehmen und uns im Handeln nach ihm zu richten. Was gehen uns denn die Zwecke des Seins an, und wenn die Natur nicht für sich selbst sorgen kann, warum sollten wir es dann tun? Weil, so erläutert Jonas, der Zweck der Zweckhaftigkeit nicht irgendein Zweck unter anderen ist, sondern der tiefstgegründete Spruch der Natur, das erste Ja überhaupt, so daß wir gar nicht anders können, als den Anspruch, der dadurch an uns gestellt wird, zu vernehmen und den Wert der Zweckhaftigkeit anzuerkennen. Denn ihn zu verneinen, ist gar nicht möglich, ohne die Verneinung selbst als Zweck zu behandeln und so doch wieder implizit zu bejahen, was man explizit verneint. Jede Verneinung ist selbst Ausdruck einer grundlegenderen Bejahung. Gegen die Selbstbeglaubigung des Zwecks ist somit kein Gegenspruch möglich. Darum ist die Fähigkeit, überhaupt Zwecke zu haben, ein Gut an sich, «von dem intuitiv gewiß ist, daß es aller Zwecklosigkeit des Seins unendlich überlegen ist.» Bis vor kurzer Zeit noch war es unnötig, dieses Gut zu schützen. Inzwischen aber verfügen wir über die technischen Mittel und die nötige Handlungsfreiheit, um menschliches Leben auf Dauer unmöglich zu machen. Angesichts dessen, was auf dem Spiel steht, was nun erstmals und unumkehrbar verlorengehen könnte, erfordert die immense Macht, die uns so gegeben ist, daß wir das Werturteil der Natur zu unserem eigenen machen, das Ja zum Leben und zur Zweckhaftigkeit in unser Wollen aufnehmen und das Nein zum Nichtsein unserem Können als Pflicht auferlegen.

Unsere erste und vornehmste Pflicht aber besteht darin, dafür zu sorgen, daß eine Menschheit sei, und zwar eine Menschheit, die des Namens würdig ist. Entsprechend lautet der neue, sich durch die Umstände ergebende, aber dennoch bedingungslos geltende kategorische Imperativ: «Handle so, daß die Wirkungen deiner Handlungen verträglich sind mit der Permanenz echten menschlichen Lebens auf Erden.» Daß es sich um *echtes* menschliches Leben handeln soll, ist dabei für Jonas entscheidend. Gegenstand unserer Verantwortung ist nämlich nicht nur die Existenz, sondern damit zugleich auch das Wesen des Menschen. Denn es ist ja gerade dieses Wesen, das seine Existenz so wertvoll und unersetzbar macht. Die Offenheit für Wahrheit, Werturteil und Freiheit, die den Menschen auszeichnet, ist «ein Ungeheures im Fluß des Werdens», und zwar ganz unabhängig davon, ob und wie er selbst von dieser Fähigkeit Gebrauch macht. «Die Fähigkeit zu Wert ist selber ein Wert, der Wert aller Werte, damit sogar auch die Fähigkeit zu Unwert, insofern die bloße Zugänglichkeit für den *Un-*

terschied von Wert und Unwert allein schon dem Sein die absolute Wählbarkeit über das Nichts sichern würde.» So kommt es vor allem darauf an, die Existenz des Menschen als eines Wesens zu sichern, das weiterhin fähig ist, sich in freier Entscheidung Zwecke zu setzen und dafür die Verantwortung zu übernehmen. Es gilt, durch den Menschen die Zukunft, den Horizont der Möglichkeiten offen zu halten und so das seinsgeschichtliche Erbe zu bewahren. Ausschlaggebend ist also nicht so sehr, was wir oder auch später lebende Generationen zu sein *wünschen*, sondern vielmehr, was uns und ihnen zu sein *aufgegeben* ist. Wir schenken ihnen nicht etwa das Dasein, weil wir annehmen, daß sie es vorziehen werden zu sein statt nie gewesen zu sein, sondern wir muten es ihnen ungefragt zu. Denn nicht den zukünftigen Menschen und ihrem Wollen sind wir verpflichtet, sondern in erster Linie der *Idee* des Menschen: «die Möglichkeit, daß es Verantwortung gebe, ist die allem vorausliegende Verantwortung.»

23

Die unbedingte Pflicht zur Wahrhaftigkeit

Gibt es einen Menschen, der noch nie in seinem Leben gelogen hat? Wahrscheinlich nicht, denn etwas zu behaupten, von dem wir wissen, daß es nicht wahr ist, ist eher die Regel als die Ausnahme. Das liegt zum einen daran, daß die Wahrheit zu sagen uns oft in Situationen bringt, die wir lieber vermeiden möchten, und zum anderen daran, daß man von uns gar nicht immer die Wahrheit hören möchte. Zuweilen bereuen wir zwar hinterher, gelogen zu haben, viel öfter aber erscheint es uns in der gegebenen Situation als gerechtfertigt oder zumindest entschuldbar, insbesondere wenn niemand durch unsere Unwahrhaftigkeit einen Schaden erlitten hat. Statt von Lüge sprechen wir bei solchen Gelegenheiten dann gern verharmlosend von Übertreibungen und Ausflüchten oder, ins Positive gewendet, von phantasievoller Rede und Ausschmückung. Manchmal sind wir sogar ein wenig stolz, so schön gelogen zu haben, ganz im Geiste Friedrich Nietzsches, der die Fähigkeit zur Lüge als freiheitsstiftendes, schöpferisches Vermögen feierte, das den Menschen vor den Tieren auszeichne und adle: das Vermögen, sich und die Welt neu zu erfinden.

Dann schließlich gibt es auch noch Fälle, in denen wir uns sogar moralisch verpflichtet glauben zu lügen, nämlich dann, wenn sich auf keine andere Weise Schaden von einem Menschen abwenden läßt. Wenn wir einen Unschuldigen nur durch eine Lüge vor Verfolgung und Tod retten können, dann erschiene es den meisten von uns moralisch unvertretbar, *nicht* zu lügen. In der Praxis gehen wir also gewöhnlich davon aus, daß nicht alle Lügen schlecht sind, sondern viele durchaus akzeptabel und einige sogar moralisch geboten.

Eine ganz andere Auffassung hingegen vertrat nachdrücklich der große deutsche Philosoph Immanuel Kant (1724–1804). Gegen alle Widerstände hielt er beharrlich daran fest, daß die Lüge «der eigentliche faule Fleck in der menschlichen Natur» sei, der Anfang und das Herz allen Übels und unter keinen Umständen jemals zu rechtfertigen. Das moralische Gebot *Du sollst nicht lügen* gelte absolut, ohne jede Ausnahme, und dürfe auch zu vermeintlich guten Zwecken niemals übertreten werden, mögen die Folgen sein, wie sie wollen. Kants Rigorosität in diesem Punkt verdankt sich seinem Glauben an die Würde des Menschen, die ihm zukomme, insofern er nicht nur dem Reich der Natur, sondern darüber hinaus auch dem Reich der Vernunft angehöre. Menschen sind auch Vernunftwesen, und nur wenn sie als solche, also vernunftgemäß handeln, werden sie ihrer artspezifischen Würde gerecht. Vernunftgemäß handeln wir aber nur dann, wenn wir nach *Prinzipien* handeln, das heißt nach Gesetzen, die wir uns selbst gegeben haben. Das Vermögen, nach Prinzipien zu handeln, nennt Kant *Wille* oder, was für ihn dasselbe ist, *praktische Vernunft*. Vernünftig handeln wir also genau dann, wenn wir tun, was wir wollen. Das ist allerdings gar nicht so einfach, wie es zunächst scheinen mag, denn wenn man den Willen mit Kant als praktische Vernunft versteht, dann ist er genau das Gegenteil von Willkür und an ganz bestimmte Gesetze gebunden, nämlich solche, die für jedes vernünftige Wesen gelten könnten. Unsere Freiheit wird dadurch aber nicht eingeschränkt, im Gegenteil: Wahrhaft selbstgesetzgebend oder autonom können wir nämlich nur sein, wenn wir uns auch von unseren zufälligen Begierden oder subjektiven Neigungen nicht beeinflussen lassen, sondern stets so handeln, wie es die reine Vernunft erfordert: unparteiisch und interesselos. Die Gesetze, die wir uns geben, sind also nicht beliebig, sondern ergeben sich *notwendig* aus dem Wesen der Vernunft selbst, und wir beweisen unsere Freiheit gerade dadurch, daß wir unsere physische Natur zum Gehorsam nötigen. Daher ist nicht jedes Handeln, das einer Regel oder einem Grundsatz folgt, vernünftig, sondern nur ein Handeln nach Grundsätzen, die sich für eine allgemeine Gesetzgebung eignen.

Nun kann es aber unter diesen Voraussetzungen niemals vernünftig sein zu lügen, da ein allgemeines Gesetz, das gebietet (oder erlaubt), immer dann die Unwahrheit zu sagen, wenn es einem gerade, aus was für Gründen auch immer, nützlich oder erforderlich scheint, undenkbar ist. Denn eine Lüge ist ja nur dann möglich, wenn der andere zunächst einmal davon ausgeht, daß man die Wahrheit sagt. Jemanden, der uns ohnehin nicht glaubt, können wir nicht belügen, und wenn jeder stets lügen würde, sobald er dafür einen guten Grund zu haben meint, dann würde man niemandem mehr Glauben schenken können, und die Lüge selbst wäre unmöglich geworden, da sie in ihrer Existenz vom Glauben an die Wahrhaftigkeit abhängt. Die Maxime unseres Handelns ist also nicht verallgemeinerungsfähig und daher auch nicht vernunftgemäß, weil wir hier offensichtlich *subjektiv* etwas wollen oder zu tun begehren, was wir *objektiv* gar nicht wollen können. Wir müssen wollen, daß Menschen grundsätzlich die Wahrheit sagen (damit die Lüge möglich bleibt), und zugleich für uns selbst eine Ausnahme in Anspruch nehmen. Dieser innere Widerspruch kann nur vermieden werden, wenn wir jederzeit und unter allen Umständen der Versuchung zu lügen widerstehen und, so schwer es auch fallen mag, unbeirrbar bei der Wahrheit bleiben. Auf diese Weise tun wir nicht mehr und nicht weniger als das, was die Vernunft erfordert. Man kann auch sagen: das, was sie uns gebietet, denn die Vernunft ist, für Kant, ein aktives, normgebendes Vermögen, das von uns positiv *fordert*, ihr gemäß (und das heißt letztlich: unserer eigenen wahren Natur gemäß) zu handeln. Die Gebote, die wir moralische nennen, sind nichts anderes als die von uns wahrgenommenen Forderungen der Vernunft. Ihr Ursprung in der Vernunft macht die Würde aller moralischen Begriffe aus.

Letztlich ist darum das Wahrhaftigkeitsgebot gar nicht in erster Linie als eine Pflicht zu verstehen, die wir anderen Menschen gegenüber hätten, sondern vielmehr als eine Pflicht, die wir uns selbst gegenüber oder, wie Kant auch sagt: gegenüber der Menschheit in unserer eigenen Person haben. Ob ich durch die Lüge einem anderen schade oder nicht, ist hierbei ganz nebensächlich, auch wie hoch der Schaden ist, den wir durch unsere Lüge verursachen. Weil wir uns selbst gegenüber verpflichtet sind und nicht dem anderen gegenüber, spielt es auch keine Rolle, ob dieser möglicherweise verdient, belogen zu werden, oder ob er ein Anrecht auf die Wahrheit hat. Mit den möglichen Rechten des anderen hat unsere Verpflichtung, stets die Wahrheit zu sagen – die Kant für die höchste Pflicht überhaupt hält –, gar nichts zu tun. Wenn es ein Recht darauf gäbe, die Wahrheit gesagt zu bekommen, dann ließen sich Umstände denken, unter denen man dieses Recht verliert. Weil es aber kein persönliches Recht auf Wahrheit gibt, ist das Wahrhaftigkeitsgebot ganz unabhängig von der Person des Gesprächspartners. Darum darf man, wie Kant ausdrücklich betont, nicht einmal dann lügen, wenn einer zu uns kommt und uns fragt, ob unser von ihm verfolgter und mit dem Tod bedrohter Freund, der sich in unsere Obhut geflüchtet hat, sich in unserem Haus befindet. Wer lügt, macht sich – gleichgültig, was für Gründe er dafür hat – zumindest vor sich selbst zu einem Gegenstand der Verachtung und verletzt stets die Würde der Menschheit in seiner eigenen Person: «Die Lüge ist Wegwerfung und gleichsam Vernichtung seiner Menschenwürde.» Er hat einen geringeren Wert, als wenn er nur eine Sache wäre, weil er nicht nur den anderen, sondern auch sich selbst als bloßes Mittel gebraucht, indem er sich zur Sprachmaschine erniedrigt, das heißt zu einem Wesen, das an den natürlichen Zweck des Sprechens, nämlich die Gedankenmitteilung, nicht gebunden ist. Nicht zu sagen, was man denkt oder für wahr hält, beinhaltet den Verzicht auf die eigene Persönlichkeit, auf das, was uns wahrhaft zu Menschen macht. Darum gibt es, entgegen der landläufigen Auffassung, auch keine harmlosen Lügen. Weil durch die Lüge nämlich der Menschheit selbst (in der eigenen Person) ein Unrecht zugefügt wird, schadet die Lüge immer, auch wenn sie niemand besonderem schadet, und weil sie gar kein bestimmtes Recht, sondern das *Prinzip* des Rechts überhaupt verletzt, stellt die Lüge ein viel schlimmeres Unrecht dar als alles, was wir einem bestimmen Menschen antun könnten. Darum ist es «ein heiliges, unbedingt gebietendes, durch keine Konvenienzen einzuschränkendes Vernunftgebot: in allen Erklärungen *wahrhaft* (ehrlich) zu sein.»

Aber sind wir nicht verantwortlich für das, was wir möglicherweise anrichten, indem wir die Wahrheit sagen? Wenn wir etwa einen Unschuldigen an den Mörder verraten, nur um unserer Pflicht genüge zu tun? Nein, meint Kant, denn wir sind ausschließlich für das verantwortlich, was in Folge einer Pflicht*verletzung* geschieht. Solange wir nur das tun, was unsere Pflicht ist, tragen wir keine Verantwortung für die Konsequenzen. Verletzen wir aber unsere Pflicht, aus welchen Gründen auch immer, sind wir für alle, auch die nicht vorhersehbaren Folgen, moralisch verantwortlich und können daher auch zu Recht vor dem Gesetz dafür haftbar gemacht werden. Wenn etwa der, den wir durch eine Lüge vor der Ermordung schützen wollten, ohne unser Wissen bereits das Haus verlassen hat, und ihm nun der Mörder, eben weil wir ihn weggeschickt haben, auf der Straße begegnet und ihn tötet, dann tragen wir die Verantwortung für seinen Tod. Sagen wir hingegen die Wahrheit und führen auf diese Weise den Mörder zu seinem Opfer, dann ist das, was geschieht, nicht mehr uns anzulasten. Nicht wir haben dann den Schaden verursacht, sondern der Zufall war es. Uns selbst stand es ja gar nicht frei, anders zu handeln: Es war ja unsere unbedingte Pflicht, die Wahrheit zu sagen, und so mußten wir dies auch tun.

Kant zufolge schließen sich also Verantwortung und Pflichterfüllung aus. Wer seine Pflicht erfüllt, ist für gar nichts mehr verantwortlich, und wer verantwortlich ist, hat seine Pflicht gerade nicht erfüllt. Die Kantische Pflicht befreit uns also von der Verantwortung, die wir anderen und ihrem Schicksal gegenüber haben. Die Rigorosität einer Haltung, welche nur unbedingte Pflichten mit kategorischer Geltung kennt und diese um jeden Preis erfüllt sehen will, erweist darin ihre Vorzüge: sie erleichtert das Leben, indem sie dem Handelnden reichlich Gelegenheit bietet, seine Hände in Unschuld zu waschen, und ihm dabei noch die Genugtuung gibt, seine Würde als Vernunftwesen gewahrt zu wissen. Vielleicht aber ist die vollkommene Verantwortungslosigkeit doch ein zu hoher Preis für Würde.

24

Verantwortung ohne Grenzen

Kant meinte, daß wir nur dann für die Folgen unseres Handelns verantwortlich sind oder zu Recht gemacht werden können, wenn wir uns pflichtwidrig verhalten, nicht jedoch, wenn wir das tun, wozu wir gemäß dem Gesetz der Vernunft verpflichtet sind. Daraus ergibt sich, daß, wenn wir nur stets unsere Pflicht erfüllen, wir keinerlei Verantwortung mehr für das tragen, was infolge unseres Handelns geschieht.

Man kann aber das Verhältnis von Pflicht und Verantwortung auch ganz anders verstehen, nämlich so, daß sich die Pflicht aus der Verantwortung ableitet, die wir für das haben, was um uns herum geschieht. Moralisch verpflichtet sind wir dann gerade aufgrund der Verantwortung, die wir tragen, und auch genau so weit, wie diese reicht. Wenn wir etwa verantwortlich für das Wohl eines Menschen sind, dann sind wir auch verpflichtet, soweit es in unserer Macht steht, dafür zu sorgen, daß sein Wohl nicht beeinträchtigt wird. Daher müssen wir, bevor wir sagen können, wozu wir verpflichtet sind, klären, für was wir alles verantwortlich sind, denn das ist ja nicht ohne weiteres klar.

In der neueren Moralphilosophie wird zumeist die Auffassung vertreten, daß unsere individuelle Verantwortung durch verschiedene Faktoren eingeschränkt ist. So gelten etwa Freiwilligkeit und Vermeidbarkeit der Handlung sowie die Voraussehbarkeit von deren Folgen allgemein als notwendige Bedingungen von Verantwortlichkeit. Viele sind ferner davon überzeugt, daß wir nur für das verantwortlich sind, was anderen *Menschen* geschieht, daß aber das Schicksal von Tieren und erst recht der übrigen nichtmenschlichen Natur außerhalb unseres Verantwortungsbereichs liegt. Wenn unserem Handeln hier moralische Grenzen gesetzt sind, dann nur insoweit, als dieses Handeln mittelbar auch negative Auswirkungen auf Menschen haben kann, so wenn wir unsere Umwelt auf lange Sicht schädigen und damit Leben und Wohl zukünftiger Generationen gefährden. Manche meinen auch, daß wir nur für das verantwortlich sind, was wir durch unser Handeln ursächlich bewirken, nicht aber für das, was infolge einer Handlungsunterlassung geschieht. Entsprechend wären wir zum Beispiel dazu verpflichtet, einen Menschen nicht zu töten, aber nicht (oder jedenfalls nicht in gleichem Maße) dazu, ihn nicht sterben zu lassen.

Nun verfolgen all diese Beschränkungen letztlich denselben nachvollziehbaren Zweck. Sie dienen dazu, die Verantwortung handhabbar, lebbar zu machen. Stillschweigend wird angenommen, daß der Umfang unserer Verantwortung unsere Fähigkeiten nicht überschreiten kann, weil dem Einzelnen sonst moralische Überforderung drohte. Er sähe sich verpflichtet, soviel zu tun, wie er unmöglich bewältigen kann. Daher ist es ein Gebot der Vernunft, die Verantwortung auf das Praktikable zu begrenzen.

Doch was hat Verantwortung, was hat Moral überhaupt, mit Vernunft zu tun? Fallen die Grenzen des Vernünftigen wirklich mit den Grenzen des Moralischen zusammen? Das wäre naheliegend, wenn die Moral aus der Vernunft entspränge, aber sehr überraschend, wenn ihre Wurzeln ganz woanders lägen. Worin also *gründet* eigentlich unsere Verantwortung?

Der Theologe, Arzt und Philosoph Albert Schweitzer (1875–1965) gab darauf folgende Antwort: Die Verantwortung gründet im Denken, genauer: im Weiter- und zu-Ende-Denken der fundamentalen Tatsache unserer eigenen Lebensbejahung. Ausgehend vom Willen zum Leben, den wir in uns selbst vorfinden, erkennen wir auch in allem anderen, das uns umgibt, denselben Willen zum Leben und im Leben selbst ein Geheimnis, das wir nicht durchdringen können und das Staunen und Ehrfurcht in uns wachruft. Indem unser Denken in Erleben übergeht, erkennen wir sodann die unmittelbarste und umfassendste Tatsache des Bewußtseins, von der alle wahre Philosophie ausgehen muß: «Ich bin Leben, das leben will, inmitten von Leben, das leben will.» Indem wir aber dies erkennen, fühlen wir uns zugleich genötigt, allem Leben die gleiche Ehrfurcht entgegenzubringen wie unserem eigenen. Damit verfügen wir bereits über das Grundprinzip des Sittlichen, welches besagt, daß die Erhaltung und Förderung des Lebens gut, dessen Vernichtung und Hemmung hingegen böse ist. Dieses Grundprinzip ist keinerlei Einschränkungen unterworfen, das heißt, es ist *immer* gut, Leben zu erhalten und zu fördern, und *immer* böse, Leben zu vernichten oder in seiner Entfaltung zu hemmen. «Wahrhaft ethisch ist der Mensch nur, wenn er der Nötigung gehorcht, allem Leben, dem er beistehen kann, zu helfen, und sich scheut, irgend etwas Lebendigem Schaden zu tun.» Dabei spielt es keine Rolle, welchen Wert dieses Leben hat, und ebenso, ob es empfindungsfähig ist oder nicht. Die Ehrfurcht gilt dem Leben oder vielmehr dem Lebendigen als solchem. Der ethisch gewordene Mensch «reißt kein Blatt vom Baume ab, bricht keine Blume und hat acht, daß er kein Insekt zertritt. Wenn er im Sommer nachts bei der Lampe arbeitet, hält er lieber das Fenster geschlossen und atmet dumpfe Luft, als daß er Insekt um Insekt mit versengten Flügeln auf seinen Tisch fallen sieht.»

Natürlich weiß Schweitzer sehr genau, daß eine solche Ethik Ungeheures von uns allen verlangt. Da wir ständig in Gefahr sind, Leben zu zerstören, dürfen wir in unserer Aufmerksamkeit niemals nachlassen. Es gibt keinen Bereich, keinen Ort, an dem wir vor der Verantwortung geschützt wären, die mit einem Mal, wie Schweitzer selbst sagt, «erschreckend unbegrenzt» geworden ist und uns nicht erlaubt, unser Glück unbeschwert zu genießen. Wir schweben ständig in der «Unruhe einer niemals und nirgends aufhörenden Verantwortlichkeit». Diese auszuhalten, wird noch dadurch erschwert, daß wir gar nicht umhin können, Leben zu vernichten, wenn wir selber existieren wollen. Zum Leben gehört offensichtlich auch die Zerstörung anderen Lebens. Wenn dem aber so ist, wozu sollten wir uns dann die Last einer solchen Verantwortung aufbürden, einer Verantwortung, der wir schlechterdings nicht gerecht werden können? Und wenn wir diese alles vernünftige Maß übersteigende Verantwortung tatsächlich akzeptieren, obwohl wir den Erfordernissen des

Lebens nicht entkommen können, wie sollen wir dann entscheiden, wann es gerechtfertigt ist, Leben zu zerstören und wann nicht? Schweitzers Antwort hierauf ist überaus einfach: Wir erleben uns als verantwortlich oder wir tun es nicht. Wenn wir es aber tun, dann ist die Vernichtung von Leben niemals gerechtfertigt, unter keinen Umständen, und jeder von uns muß selbst, ohne die Hilfestellung allgemeiner Prinzipien, entscheiden, welchen Preis er wann zu zahlen bereit ist. Die Ethik der Ehrfurcht vor allem Leben läßt, anders als die gewöhnliche Ethik, keine Kompromisse zu. Jede Ethik, die, um den Notwendigkeiten des Lebens gerecht zu werden, den Kompromiß sucht und verteidigt, vermischt das genuin Ethische mit rein pragmatischen Überlegungen und trägt so dazu bei, die Begriffe zu verwirren und unser Bewußtsein, was gut und was böse ist, zu schwächen. Die wahre Ethik kommt nicht gebrauchsfertig daher: Sie sagt uns nicht, wie wir sie in unser Leben einbauen können. Sie gibt uns keine Antwort auf die Frage, was wir im Einzelfall tun dürfen und was nicht. So ist jeder einzelne von uns ganz allein mit seiner Verantwortung.

Genau darin freilich zeigt sich das Wesen individueller Verantwortung: in der Tatsache, daß niemand anders, auch kein ethisches System, uns unsere Entscheidungen abnehmen kann, darin, daß wir selbst, vor uns selbst, dafür geradestehen müssen. Nur weil die Verantwortung keine klaren, ein für allemal feststehenden Grenzen hat, nur weil wir jedesmal aufs neue gezwungen sind, unsere Wahl zu treffen, sind wir auch selbst für unsere Entscheidungen verantwortlich. Ein Sicherheitsnetz, eine Garantie dafür, das Richtige zu tun, gibt es nicht, und niemand kann, so sehr er sich auch bemüht, vermeiden, am Leben schuldig zu werden. Dennoch ist es wichtig, sich stets der Verantwortung in ihrer Unbegrenztheit bewußt zu bleiben, weil wir nur so überhaupt einen Grund haben, der Vernichtung fremden Lebens zu widerstehen, und davor bewahrt werden, uns mit vermeintlichen Lebensnotwendigkeiten abzufinden. «Diejenigen, die an Tieren Operationen oder Medikamente versuchen oder ihnen Krankheiten einimpfen, um mit den gewonnenen Resultaten Menschen

Hilfe bringen zu können, dürfen sich nie allgemein dabei beruhigen, daß ihr grausames Tun einen wertvollen Zweck verfolge. In jedem einzelnen Falle müssen sie erwogen haben, ob wirklich Notwendigkeit vorliegt, einem Tiere dieses Opfer für die Menschheit aufzuerlegen.»

Das Ideal einer praktisch vollzogenen Achtung vor allem Lebendigen mag unerreichbar sein, aber ohne dieses Ideal werden wir weit weniger erreichen, als diesbezüglich erreichbar ist. Mag uns auch die universale Verantwortung überfordern, so brauchen wir doch diese Überforderung. Sie ist der Stachel, der uns davon abhält, unser eigenes Handeln als durch die Verhältnisse bedingt zu begreifen und diese als etwas, mit dem wir leben müssen, ob wir wollen oder nicht. Was um uns herum geschieht, ganz gleich ob nah oder fern, ist immer auch unsere Sache: «Keiner mache sich die Last seiner Verantwortung leicht. Wenn so viel Mißhandlung der Kreatur vorkommt, wenn der Schrei der auf dem Eisenbahntransport verdurstenden Tiere ungehört verhallt, wenn in unseren Schlachthäusern so viel Roheit waltet, (...) tragen wir alle Schuld daran.»

Literaturhinweise

1. *(2 + 3 = 6)* Die Frage, wie man sich der Wahrheit seiner Überzeugungen versichern kann, behandelt Descartes vor allem in den ersten beiden *Meditationen über die erste Philosophie* und im vierten Teil des *Discours de la méthode pour bien conduire sa raison, et chercher la vérité dans les sciences* (Von der Methode des richtigen Vernunftgebrauchs und der wissenschaftlichen Forschung). Die Zitate sind entnommen aus: Discours II,7; Meditationen I,1; I,9; Discours IV,7; IV,5.

2. *(Ich denke, aber bin ich?)* George Santayana, *Scepticism and Animal Faith*, London 1923. Die Zitate finden sich auf den Seiten 35 («Belief in the existence of anything, including myself, is something radically incapable of proof, and resting, like all belief, on some irrational persuasion or prompting of life.») und 55 («While life lasts, the field is thus cleared for innocent poetry and infinite hypothesis, without suffering the judgement to be deceived nor the heart enslaved.»). Zu den als Wesenheiten eingestuften runden Quadraten vgl. S. 121.

3. *(Kausalität: Nur ein Gesetz des Denkens, nicht des Seins)* Das Kausalitätsproblem wird von Hume in seinem frühen Hauptwerk, dem *Treatise on Human Nature* (Traktat über die menschliche Natur) von 1739/40 ausführlich diskutiert. Die wichtigsten Passagen finden sich im dritten Teil («Über Wissen und Wahrscheinlichkeit») des ersten Bandes («Über den Verstand») und dort besonders in den Abschnitten 2, 3, 6, 8 und 14. Die zitierten Sätze sind den Abschnitten 9 und 14 entnommen. Eine knappere, gut lesbare Darstellung von Humes Überlegungen zur Kausalität enthält auch der siebte Abschnitt seiner 1748 erschienenen *Enquiry Concerning Human Understanding* (Untersuchung über den menschlichen Verstand).

4. *(Das Induktionsproblem)* Die wichtigsten Stellen zur Wahrscheinlichkeitstheorie und zum Induktionsproblem finden sich im *Treatise on Human Nature* in Buch I, Teil III, Abschnitte 6, 11 und 12, sowie in dem Essay über Wunder (*On Miracles*), der den zehnten Abschnitt der *Enquiry* bildet. Die vier Zitate stammen, in dieser Reihenfolge, aus *Treatise* Buch I, Teil III, Abschnitte 6, 12 und 8, und aus *Enquriy*, Abschnitt 10.

5. *(Die Fünf-Minuten-Welt)* Die Hypothese einer Fünf-Minuten-Welt erwähnt Russell in der neunten Vorlesung seines Buches *The Analysis of Mind*, London 1921. Das Thema dieser Vorlesung ist die Erinnerung. Seine Lösung des Problems der Zuverlässigkeit von Erinnerungen stellt Russell vor in *Problems of Philosophy*, Oxford 1912, Kapitel 5 und 11. Zu Philip Gosse und seinem Buch *Omphalos* siehe Martin Gardner, *Fads and Fallacies. In the Name of Science*, 2., erweiterte Aufl., New York 1957, Kapitel 11.

6. *(Die Erfindung des Erkennens) Über Wahrheit und Lüge im außermoralischen Sinn*, in: Friedrich Nietzsche, Werke in drei Bänden, herausgegeben von Karl Schlechta, München 1966, Dritter Band, S. 309–322. Blaise Pascal, *Gedanken über Philosophie, Moral und schöne Wissenschaften*, Artikel 4, Abschnitt 6.

7. *(Gehirne im Tank)* Die Gehirne-im-Tank-Hypothese wird diskutiert und bedeutungstheoretisch widerlegt in Putnams Buch *Reason, Truth and History*, Cambridge 1981 (dt.: Vernunft, Wahrheit und Geschichte, Frankfurt am Main 1982).

8. *(Gegenstände, von denen gilt, daß es sie nicht gibt)* Meinongs Aufsatz «Über Gegenstandstheorie» erschien erstmals 1904 als Einleitung in die von ihm selbst herausgegebenen *Untersuchungen zur Gegenstandstheorie und Psychologie*. Zusammen mit Meinongs «Selbstdarstellung» ist der Text, versehen mit einer schönen Einleitung von Josef M. Werle und einer ausführlichen Bibliographie, in der Philosophischen Bibliothek beim Felix Meiner Verlag erhältlich. Russells Aufsatz «On Denoting» erschien 1905 in der Zeitschrift *Mind*. Wiederabgedruckt wurde er in der Aufsatzsammlung *Logic and Knowledge. Essays 1901–1950*, London 1956.

9. *(Der ontologische Gottesbeweis)* Anselms Beweis findet sich in den Kapiteln 2–4 seiner Schrift *Proslogion* (Lateinisch-deutsche Ausgabe von P. Franciscus Salesius Schmitt, Stuttgart/Bad Cannstatt 1962), Descartes' Variante desselben im fünften Buch der *Meditationen über die Erste Philosophie* und Kants Einwände schließlich in der *Kritik der reinen Vernunft* B 620–630 («Von der Unmöglichkeit eines ontologischen Beweises vom Dasein Gottes»). Eine schöne Darstellung und Kritik der verschiedenen, auch modernen Varianten des ontologischen Gottesbeweises präsentiert John L. Mackie in *The Miracle of Theism. Arguments for and against the Existence of God*, Oxford 1982 (dt. Das Wunder des Theismus, Stuttgart 1985), Kap. 3.

10. *(Eine körperlose Welt)* Die These des Immaterialismus wird von Berkeley vor allem in zwei Schriften vertreten und gegen Einwände verteidigt, näm-

lich in der genannten *Abhandlung über die Prinzipien der menschlichen Erkenntnis* (A Treatise concerning the Principles of Human Knowledge, Dublin 1710), aus der auch das Zitat entnommen wurde (Abschnitt III) und den dem Anspruch nach allgemeinverständlicheren *Dialogen zwischen Hylas und Philonous* (Three Dialogues between Hylas and Philonous, London 1713). Ebenfalls im Jahr 1713 erschien in London eine Abhandlung von Arthur Collier (1680–1732) mit dem Titel *Clavis Universalis: or, A New Inquiry after Truth. Being a Demonstration of the Non-Existence, or Impossibility, of an External World*, in der unabhängig von Berkeley und mit etwas anderen und auf die Kantischen Antinomien der Erfahrung vorausweisenden Argumenten dieselbe These der Nichtexistenz einer geistunabhängigen materiellen Welt vertreten wird. (Colliers Schrift wurde 1837 von Samuel Parr zusammen mit anderen Abhandlungen unter dem Titel *Metaphysical Tracts by English Philosophers of the Eighteenth Century* noch einmal herausgegeben. Ein Nachdruck dieser Ausgabe erschien 1974 im Georg Olms Verlag Hildesheim.) Auch später finden sich immer wieder Verteidiger und Anhänger der Immaterialismus-These, so etwa der Berkeley-Herausgeber A.C. Fraser oder Thomas Collyns Simon mit seinem kaum mehr auffindbaren, 1848 in London erschienenen Buch *On the Nature and Elements of the External World, or, Universal Immaterialism*. Humes Kommentar zu Berkeley stammt aus dem zwölften Abschnitt («Über die akademische oder skeptische Philosophie») seiner 1748 zunächst unter einem anderen Titel erschienenen *Enquiry Concerning Human Understanding*.

11. *(Beweis einer Außenwelt)* Der Satz Kants über den Skandal der Philosophie steht in einer Anmerkung zur Vorrede der zweiten Auflage der *Kritik der reinen Vernunft* (Riga 1787), B XXXIX. Moores Beweis einer Außenwelt wird durchgeführt in einem 1939 erstmals erschienenen Aufsatz mit gleichnamigem Titel («Proof of an External World»). Diskutiert wird die Immaterialismus-These und das Problem der Gewißheit ferner in den Aufsätzen «A Defence of Common Sense» (1925), «Four Forms of Scepticism» (ca. 1940), «Certainty» (1941), «Hume's Philosophy» (1908) und «Refutation of Idealism» (1903). Die beiden letztgenannten sind enthalten in der Sammlung *Philosophical Studies* (London 1922), die übrigen in den kurz nach seinem Tod erschienenen, aber von Moore selbst noch für den Druck vorbereiteten *Philosophical Papers* (London 1959). Ausführlich mit den Thesen Moores auseinander setzt sich Wittgenstein in seinen nachgelassenen Notizen *Über Gewißheit* (On Certainty, Oxford 1969). Der zitierte Satz steht dort im Abschnitt 482.

12. *(Uneinholbare Schildkröten und bewegungsunfähige Pfeile)* Erstmals dargestellt und erörtert werden Zenons Paradoxa von Aristoteles (*Physik*

239b 5 ff.). An der Widerlegung des Achilles-Paradoxons versuchen sich unter anderen John Stuart Mill im Abschnitt «Fallacies of Confusion» seiner *Logik* (*A System of Logic Ratiocinative and Inductive, New Impression*, London 1919, Book V, Chapter 7, § 1) und Henri Bergson in seinem *Essai sur les données immédiates de la conscience* (Paris 1889, dt.: Abhandlung über die unmittelbaren Bewußtseinsgegebenheiten). Vergleiche dazu auch: George Edward Moore, «The Achilles», in: Ders., *Commonplace Book*, London 1962, S. 192. Borges widmet sich dem Problem in zwei seiner Essays, «Der ewige Wettlauf zwischen Achilles und der Schildkröte» (in: Ders., *Essays 1932–1936*, S. 107–114), aus dem auch das Zitat entnommen ist (S. 114), und «Sinnfiguren der Schildkröte» (ebd., S. 122–129). Das James-Zitat ist entnommen aus dessen Buch *A Pluralistic Universe* (London 1909), S. 257 («The whole process of life is due to a violation of our logical axioms.»). In dem entsprechenden Kapitel (Bergson and Intellectualism, ebd., S. 223–273) geht James ausführlich auf Zenon ein.

13. *(Die Tropfentheorie der Zeit)* Die Theorie der epochalen Zeit wird entwickelt in Whiteheads 1929 erstmals erschienenem Hauptwerk *Process and Reality* (Corrected Edition New York 1978; deutsche Ausgabe: *Prozeß und Realität*, Frankfurt am Main 1979). Die im Text angeführten Zitate finden sich dort auf den Seiten 69 und 35 der Corrected Edition (dt. Ausgabe: 143 und 87). Mit Zenon beschäftigt sich Whitehead besonders im zweiten Kapitel des zweiten Teils, «The Extensive Continuum». Für eine eingehendere Darstellung von Whiteheads System vergleiche mein Buch *Whitehead zur Einführung*, Hamburg 1994. Die Bemerkung von James ist entnommen aus dessen Buch *Some Problems of Philosophy*, London 1911, S. 172.

14. *(Die Illusion der Sterblichkeit)* Schopenhauers Gedanke der ewigen Gegenwart wird in seinem Hauptwerk *Die Welt als Wille und Vorstellung* entwickelt und begründet und dort insbesondere im § 54 des 1819 erschienenen ersten Bandes und Kapitel 41 des 1844 erschienenen zweiten Bandes (Über den Tod und sein Verhältnis zur Unzerstörbarkeit unsers Wesens an sich). Zur Lehre Epikurs über den Tod vergleiche das zehnte Buch von Diogenes Laertius' *Leben und Meinungen berühmter Philosophen* und darin vor allem die Abschnitte 67, 81, 125 (dort auch das Zitat) und 126, sowie den zweiten Abschnitt der *Weisungen Epikurs*.

15. *(Das wahre Wesen des Wachses)* Descartes' Wachsbeispiel und die entsprechenden Zitate finden sich in der zweiten seiner *Meditationen über die Grundlagen der Philosophie* (Meditationes de Prima Philosophia, Paris 1641). Mit der Natur der Körper und der Frage ihrer Erkennbarkeit beschäftigt sich vor allem die sechste Meditation. Eine ausführlichere Darstellung seiner

Körperlehre gibt Descartes im zweiten und vierten Teil (Abschnitte 188–207) der zwei Jahre später in Amsterdam erschienenen *Prinzipien der Philosophie* (Principia Philosophiae). Der schwerelose Stein wird dort im elften Abschnitt des zweiten Teils diskutiert und die aus verschiedenen Körpern bestehende Hand im 63. Abschnitt. Das Zitat über die Einheit der Materie schließlich ist dem 23. Abschnitt entnommen.

16. *(Die prästabilierte Harmonie)* Die Idee der prästabilierten Harmonie wurde erstmals 1695 im *Neuen System der Natur und des Verkehrs der Substanzen sowie der Verbindung, die es zwischen Seele und Körper gibt* vorgestellt und später, auf Druck der Kritiker, wiederholt erläutert. Die Uhrenanalogie und das entsprechende Zitat finden sich in der *Zweiten Erläuterung des Systems des Verkehrs der Substanzen* (1696), die übrigen Zitate in den Abschnitten 15 und 16 des *Neuen Systems*, der *Erläuterung zu den Schwierigkeiten, die Bayle in dem neuen System der Vereinigung der Seele und des Körpers gefunden hat*, sowie schließlich in der 1720 erstmals erschienenen *Monadologie (Die Prinzipien der Philosophie oder die Monadologie)*. Alle genannten Texte sind enthalten in dem von Hans Heinz Holz herausgegebenen und übersetzten ersten Band *(Kleine Schriften zur Metaphysik)* der Werkausgabe von Leibniz' Philosophischen Schriften, Darmstadt 1985. Zum Okkasionalismus siehe die vorzügliche Einführung von Wolfgang Röd in: *Geschichte der Philosophie*, herausgegeben von Wolfgang Röd, Band VII: *Die Philosophie der Neuzeit 1*, München ²1999, S. 112–147.

17. *(Die Gehirn-Prozeß-Theorie des Bewußtseins)* J.J.C. Smart, *Philosophy and Scientific Realism*, London 1963. Die Gehirn-Prozeß-Theorie des Bewußtseins wird begründet und verteidigt vor allem in Kapitel V dieses Buches, das den Titel trägt: «On Consciousness». Die Auffassung, daß der Mensch nichts anderes sei als eine besonders komplizierte Maschine, wurde ausdrücklich erstmals von Julien Offray de La Mettrie in seiner kleinen Schrift *L'homme machine* (1748) vertreten.

18. *(Allbeseeltheit)* Fechners Lehre von der Allbeseeltheit läßt sich am besten nachlesen in seinen Büchern *Zend-Avesta, oder Über die Dinge des Himmels und des Jenseits*, Leipzig 1851, *Über die Seelenfrage. Ein Gang durch die sichtbare Welt, um die unsichtbare zu finden*, Leipzig 1861, und *Die Tagesansicht gegenüber der Nachtansicht*, Leipzig 1879 (das lange Zitat am Ende des Fechner-Kapitels steht dort auf S. 9). *Nanna oder Über das Seelenleben der Pflanzen* erschien 1848 in Leipzig und ist heute auch antiquarisch schwer greifbar. Eine kleine, aber repräsentative Auswahl aus Fechners Schriften erschien 1984 im Verlag Matthes & Seitz mit einem schönen Nachwort von Gert Mattenklott unter dem Titel *Das unendliche Leben*. Eine kri-

tische Würdigung wird Fechner auch durch William James zuteil, nämlich in den Vorlesungen IV und V seines Buches *A Pluralistic Universe*, London 1909. James Lovelock hat seine Gaia-Hypothese in mehreren Büchern entfaltet. In deutscher Sprache erschien: *Gaia. Die Erde ist ein Lebewesen*, Bern/München/Wien 1992.

19. *(Gefühle als ergreifende Atmosphären)* Die Zitate sind entnommen aus: *Der unerschöpfliche Gegenstand. Grundzüge der Philosophie*, Bonn 1990, S. 296 u. 310. In diesem Buch ist vor allem der Abschnitt 6.4. den Gefühlen als Atmosphären gewidmet. Eine weit ausführlichere Darstellung findet sich im zweiten Teil des dritten Bandes von Schmitz' zehnbändigem Opus Magnum, dem *System der Philosophie*, erschienen Bonn 1969 ff.

20. *(Die Erlebnismaschine)* Robert Nozick, *Anarchy, State, and Utopia*, London 1974, S. 42–45. Zur Kritik der Vorstellung, Leidensvermeidung sei das einzige, was moralisch von Belang ist, vergleiche Henk Verhoog, «Biotechnologie und die Integrität des Lebens», in: *Scheidewege*, Heft 32, 2002/2003, S. 119–141.

21. *(Lebensrechte nicht-existierender Personen)* Die umfassendste Darstellung von Hares Moraltheorie findet sich in dessen 1981 erschienenem Buch *Moralisches Denken. Seine Ebenen, seine Methode, sein Witz*. Die deutsche Übersetzung kam 1992 bei Suhrkamp heraus. Für die These vom Lebensrecht nicht-existierender Personen und das daraus entwickelte Ersetzbarkeits-Argument vergleiche die 1993 erschienene Aufsatzsammlung *Essays on Bioethics* und darin insbesondere die folgenden Beiträge: «Abortion and the Golden Rule», «When does Potentiality Count?», «Possible People» und «Why am I only a Demi-Vegetarian?». Ausführlich diskutiert und kritisiert wird Hares Position in meinem Buch *Versuch über die Grundlagen der Moral*, München 2001, S. 31–47, 133–144.

22. *(Die erste Pflicht: Daß eine Menschheit sei)* Hans Jonas, *Das Prinzip Verantwortung. Versuch einer Ethik für die technologische Zivilisation*, Frankfurt am Main 1979. Zitate S. 156, 154, 36, 100, 186.

23. *(Die unbedingte Pflicht zur Wahrhaftigkeit)* Der Grundtext zu Kants Ethik ist die *Grundlegung zur Metaphysik der Sitten*. Die Zitate über die Lüge sind entnommen aus: *Verkündigung des nahen Abschlusses eines Traktats zum ewigen Frieden in der Philosophie* (Werkausgabe Bd. 6, S. 415); *Metaphysik der Sitten*, Tugendlehre, Zweites Hauptstück, Abschnitt I: Von der Lüge (Werkausgabe Bd. 8, S. 562); *Über ein vermeintes Recht, aus Menschenliebe zu lügen* (Werkausgabe Bd. 8, S. 637–643).

24. *(Verantwortung ohne Grenzen)* Die Unbegrenztheit der Verantwortung verteidigt Schweitzer in seinem moralphilosophischen Hauptwerk *Kultur und Ethik* (München 1923), insbesondere in Kapitel XXI («Die Ethik der Ehrfurcht vor dem Leben»). Zur Einführung in die neuere Verantwortungsdiskussion siehe den von Kurt Bayertz herausgegebenen Band *Verantwortung: Prinzip oder Problem?* (Darmstadt 1995).

Namenverzeichnis

Aus dem Verlagsprogramm

Beck'sche Reihe «Denker»
Herausgegeben von Otfried Höffe

Verlag C. H. Beck München

Beck'sche Reihe «Denker»
Herausgegeben von Otfried Höffe

Verlag C. H. Beck München

Philosophie bei C. H. Beck

Verlag C. H. Beck München

Philosophie bei C. H. Beck

Arthur Schopenhauer
Die Kunst zu beleidigen
Herausgegeben von Franco Volpi
2002. 130 Seiten. Paperback
Beck'sche Reihe Band 1465

Arthur Schopenhauer
Die Kunst, glücklich zu sein
Dargestellt in fünfzig Lebensregeln
Herausgegeben von Franco Volpi.
2. Auflage. 2002. 106 Seiten. Paperback
Beck'sche Reihe Band 1369

Ekkehard Martens (Hrsg.)
Ich denke, also bin ich
Grundtexte der Philosophie
3. Auflage. 2003. 296 Seiten. Paperback
Beck'sche Reihe Band 1364

Dieter Thomä
Eltern
Kleine Philosophie einer riskanten Lebensform
Mit einem Nachwort nach zehn Jahren
2. Auflage. 2002. 231 Seiten. Paperback
Beck'sche Reihe Band 1467

Friedhelm Moser
Kleine Philosophie für Nichtphilosophen
3. Auflage. 2002. 219 Seiten. Paperback
Beck'sche Reihe Band 1439

Verlag C. H. Beck München